世界から見た北の縄文

御所野遺跡と北海道・北東北の縄文遺跡群

御所野縄文博物館 編

新泉社

世界から見た北の縄文

目次

世界から見た北の縄文

御所野遺跡と北海道・北東北の縄文遺跡群

序　世界から見た北の縄文文化

高田和徳
（御所野縄文博物館館長）

縄文文化は、日本列島で一万年以上続いた先史時代の文化です。その範囲は、北は北海道から南は鹿児島、さらには沖縄までの日本列島のほぼ全域と考えられています。ところが、その文化内容は必ずしも一様ではなく、地域ごとに特徴があることから、地域文化圏として把握しようという動きも強まってきました。

そのなかで日本列島北部の北海道南部と東北北部には津軽海峡を間にして、独特な文化圏が形成されていました。現在、この地域の縄文文化は「北海道・北東北の縄文遺跡群」として、ユネスコの世界文化遺産の登録を目指しています。

御所野縄文博物館では、この北の縄文文化を知るための講演会を継続して開催し、多くの考古学・歴史学・文化人類学などの研究者に興味深い講演をしていただいています。そうした講演会のなかから、日本列島の外側から縄文を見る内容の講演を収録したのが本書です。地域的なつながりが強く、長期に継続した「北海道・北東北の縄文遺跡群」の文化について、日本列島という枠をとりはずしてより広い視点から、みなさんとともに考えてみたいと思います。

土器のはじまりと自然環境の変化

一万五〇〇〇年前、急激な温暖化によって大型動物が減少するとともに、東アジアの沿海州から中国各地と日本列島ではじめて土器が出現します。現在のところ、世界で最も古いこうした土器は、旧石器時代の特色を強く残す石器と磨製石斧や矢じり（石鏃）などの新石器時代の石器が一緒に出土することから、環境の変化によって人類の歴史が大きく変わる時期の様子をよく示しているといわれています。

もともと人類は、長い間食糧を求めて遊動する狩猟採集民でしたが、豊かな自然環境の誕生を契機として「遊動」から「定住」へ変化した時期でもあります。

一万三〇〇〇年前になると、一時寒い時期が続きますが、一万一〇〇〇年前ごろからの温暖な気候の安定とともに、豊かな自然環境が形成されます。この時期の遺跡は各地で確認されており、狩猟採集民の定住が本格化したものと思われます。

狩猟採集民の定住には、春・夏・秋・冬という四季の変化も重要だったろうと考えます。四季のある地域では、動植物の種類も多く、しかも季節ごとに異なった食糧の確保が可能になります。ただし、それぞれの期間が限られるため、一度に大量に確保しなければなりません。そのためには多くの労働力と効率よく確保するための技術や施設が必要となります。

四季の中には食糧の確保が困難な季節もあるので、確保した食糧をどのようにして貯蔵するかということも重要となります。遺跡数が増加してきたということは、このような技術が高まってきたことを示していると思われます。

西アジアの農耕文化と東アジアの森林文化

狩猟採集を主とした大規模な集落が出現するとともに、西アジアではじめて農耕がはじまり、遅れて牧畜がはじまります（図1）。興味深いのは、乾燥地帯と森林地帯の狭間の多様な植物群のなかで農耕がはじまったということです。西アジアからやや遅れてヨーロッパなど温帯地方を中心に広まっていきますが、文化内容はかならずしも一様ではなく、地

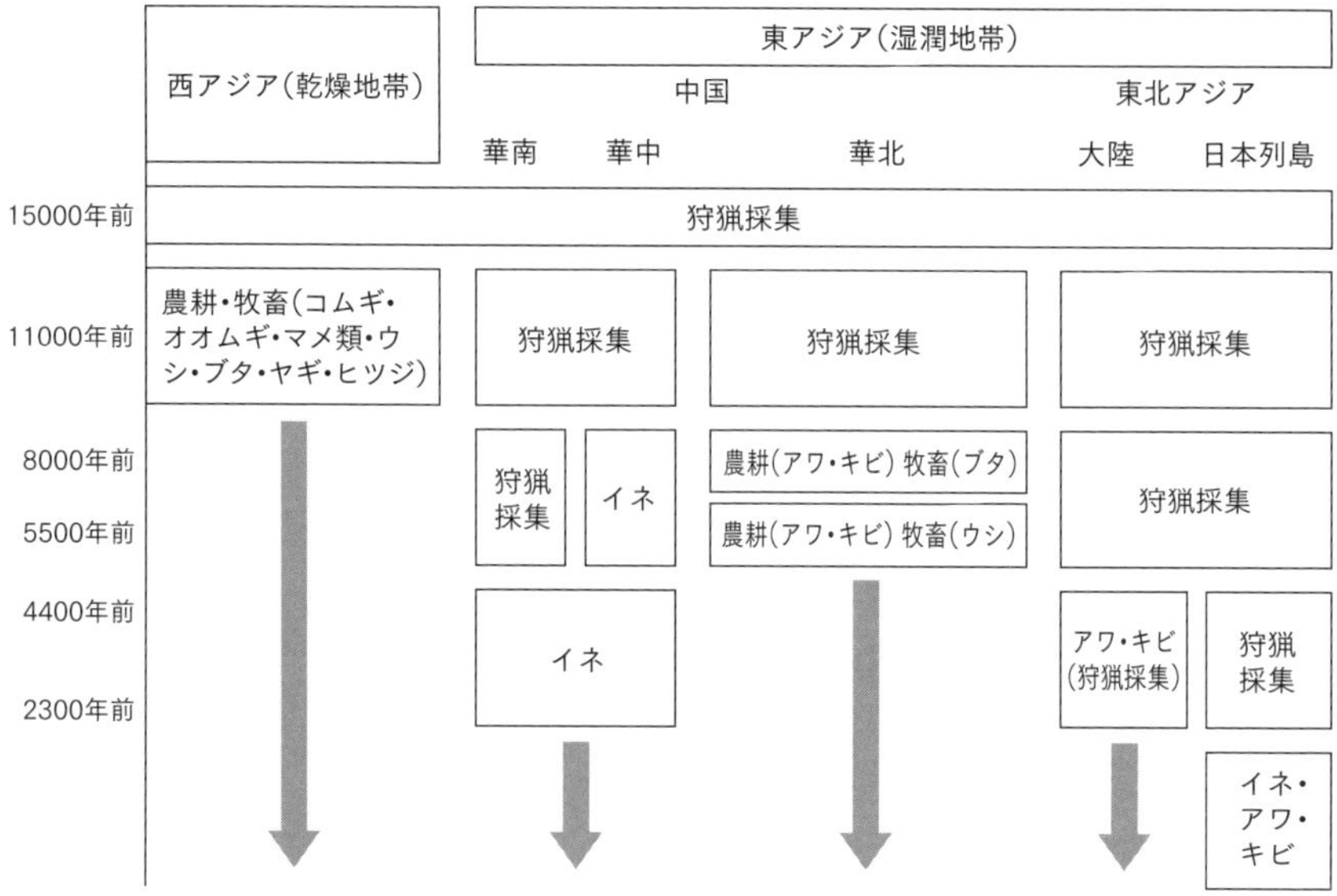

図1　アジアにおける新石器時代の農耕と狩猟採集の変遷
（宮本2005を参考に作成）

域によって大きく異なっています。

西アジアの農耕は草原地帯に適したコムギ・オオムギ・レンズマメ・エンドウ・ヒヨコマメなどの栽培で、一〇〇〇年くらい遅れて牧畜がスタートします。

それに対して東アジアは湿潤な森林地帯であり、西アジアの草原地帯の文化と対比して森林性新石器文化と呼ばれたりもします。

そのなかで、いちはやく森を切り開いてアワやキビなどの穀物栽培をはじめた中国北部（華北）と、森を利用してシカ・イノシシに代表される狩猟とコナラ、ミズナラなどの堅果類を中心に採集をする東北部と極東があり、同じ森林を背景としながら異質な文化が継続します（図2）。

東北部の森林文化は、同じ大陸側のロシア極東南部から、さらに朝鮮半島から日本列島までを含む日本海を中心とする地域で、狩猟と堅果類の採集のほか、サケ・マスなどの河川と海洋の漁労を営み、竪穴建物に住み、しばしば貝塚を形成するということで共通する地域（環日本海文化圏）として知られています。日本列島の縄文文化もその環日本海文化圏のひとつと考えられます。

縄文文化は、海によって閉ざされた日本列島のなかの特殊な文化ではなく、東アジアの東北部から極東地域の定着的な狩猟採集民の文化のひとつということができます。

図2　農耕の出現地と利用堅果類の分布
(宮本2005、大貫2010を参考に作成)

環日本海文化圏と縄文文化

日本海を中心としたこの地域の狩猟採集社会では、基盤となる植生が大きく異なっています。北部は落葉広葉樹林、南部は常緑広葉樹林（照葉樹林）であり、前者はコナラ・ミズナラを中心としてニレ・カエデ、後者は常緑のカシ類を中心にシイ・マテバシイなどであり、利用される堅果類が異なります。北部の落葉広葉樹林は中国東北部から朝鮮半島北部、そして日本列島の東日本に分布し、常緑広葉樹林は朝鮮半島南部から日本列島の西日本、そして中国の長江以南まで分布しています。

そのなかで海に囲まれた日本列島は、海洋性気候ということもあって、コナラ・ミズナラのほか、大陸には少ないブナやトチノキ、クリ、イタヤカエデ、カツラなど樹種も多様で、あまり例のない豊かな森林が形成されています。ブナの森と急峻な山をぬう渓流は海を豊かにし、たぐいまれな海洋資源が形成されました。太平洋沿岸地域の狩猟採集民の生活を支えたといわれるサケ・マスが大量に遡上するのも東日本です。

日本列島のこのような自然環境を背景として成立したのが縄文文化です。その中心となったのが落葉広葉樹林の分布する東日本地域です。なかでもやや冷涼な気候の日本列島北部では、平地近くにまでブナ林が分布することから北方ブナ帯と呼ばれ、クリやトチなど縄文人の主要な食糧たる堅果類が多く含まれています。そのような堅果類は縄文人が意図的に増殖していたということが調査で明らかになってきました。

北海道・北東北の縄文文化

現在のところ、日本列島で最も早く土器が出現したのは青森県外ヶ浜町の大平山元遺跡（図3）で、一万五〇〇〇年前の土器が出土しています。

一万一〇〇〇年前になると、北海道南部と東北北部には冷温帯落葉広葉樹林が拡大し、山地から平野部まで豊かな森林が形成されます。このような自然環境の変化とともに集落が形成され、九〇〇〇年前から七〇〇〇年前になると、墓とともに集落の中心施設となる大型竪穴建物も出現します。北海道函館市の噴火湾西岸に位置する垣ノ島遺跡はこの時期から長期に継続し、周辺の遺跡では、墓から現在のところ世界最古といわれる漆製品が出土しています。

七〇〇〇年前になると温暖化がピークに達するとともに、海水面が上昇し、入江が形成されます。縄文海進と呼ばれるこのような変化によって海岸部や湖沼地帯、さらには河川

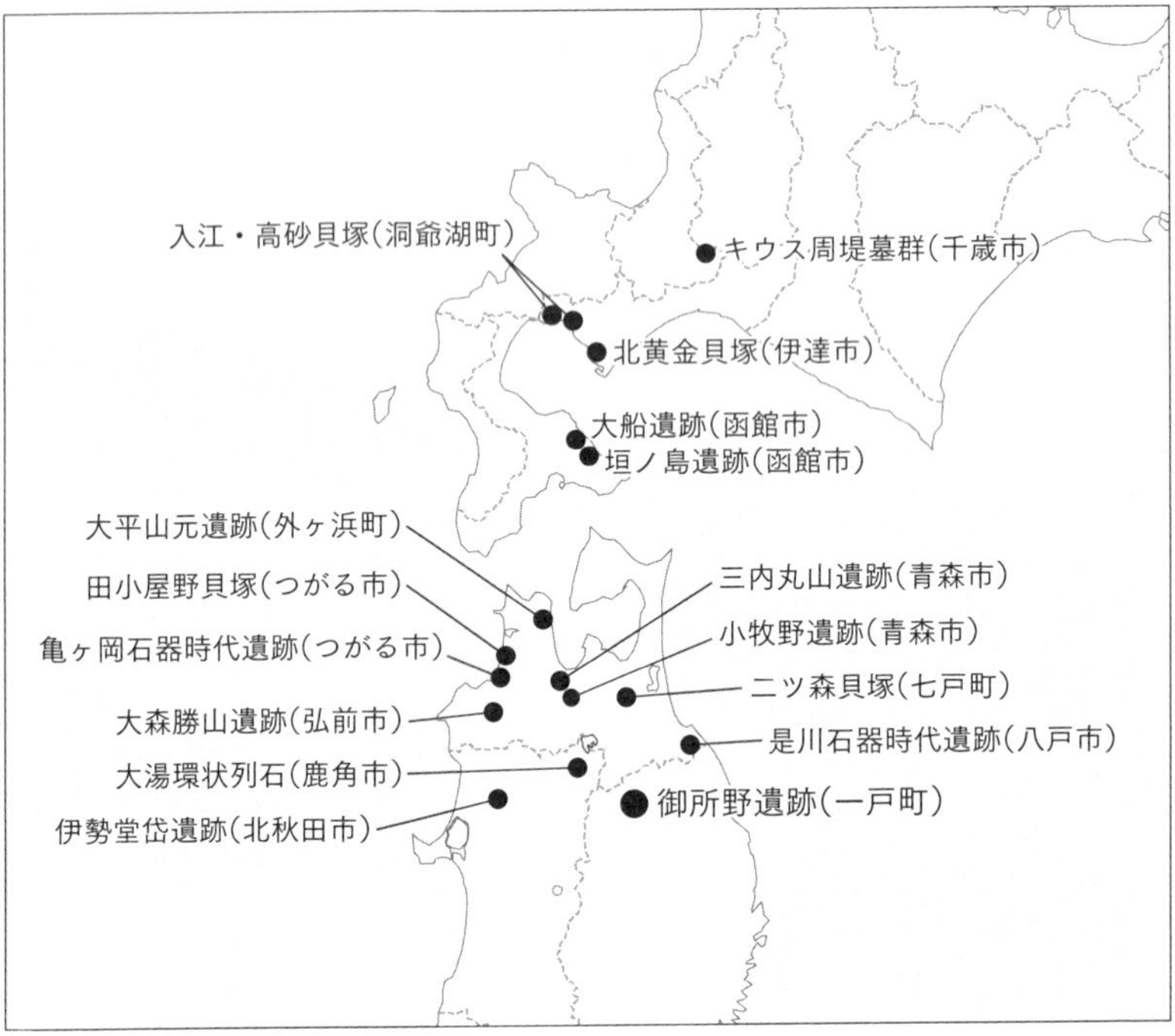

図3　世界遺産を目指す縄文遺跡群

北海道・北東北の縄文遺跡群リスト

No.	構成資産名	所在地	時期	内容
1	大平山元遺跡	青森県外ヶ浜町	草創期	最も古い時期の土器が出土
2	垣ノ島遺跡	北海道函館市	早期〜後期	海岸部に立地する集落跡
3	北黄金貝塚	北海道伊達市	前期	噴火湾に面した貝塚をもつ集落跡
4	田小屋野貝塚	青森県つがる市	前期〜中期	住居・貯蔵施設と貝塚のある遺跡
5	三内丸山遺跡	青森県青森市	前期〜中期	陸奥湾に面した台地上の拠点集落跡
6	二ツ森貝塚	青森県七戸町	前期〜中期	小川原湖西岸の貝塚をもつ拠点集落
7	大船遺跡	北海道函館市	中期	海・川・森を利用した海岸部の遺跡
8	御所野遺跡	岩手県一戸町	中期	川と森に育まれた内陸の大規模遺跡
9	入江貝塚	北海道洞爺湖町	後期(前)	海岸沿いの高台にある貝塚
10	小牧野遺跡	青森県青森市	後期	山岳地帯にある大規模な環状列石
11	伊勢堂岱遺跡	秋田県北秋田市	後期	眺望の良い高台の大規模環状列石
12	大湯環状列石	秋田県鹿角市	後期	台地上に作られた大規模環状列石
13	キウス周堤墓群	北海道千歳市	後期	湖沼地帯周辺の大規模な共同墓地
14	大森勝山遺跡	青森県弘前市	晩期	岩木山裾野の大規模な環状列石
15	高砂貝塚	北海道洞爺湖町	晩期(後)	人骨が出土する墓をもつ貝塚
16	亀ヶ岡石器時代遺跡	青森県つがる市	晩期	低湿地の水場をもつ川沿いの遺跡
17	是川石器時代遺跡	青森県八戸市	晩期(中)	低湿地と台地上の湖沼沿いの遺跡

草創期 15,000 〜 11,000 年前、早期 11,000 〜 7,000 年前、前期 7,000 〜 5,000 年前、
中期 5,000 〜 4,000 年前、後期 4,000 〜 3,000 年前、晩期 3,000 〜 2,300 年前

域の高台などにも集落がつくられます。降水量が増加するとともに、湿潤な気候によって豊かになった森は、河川や湖沼、海を豊かにするため、魚貝類の種類と量が飛躍的に増加します。

温暖化によるこのような変化は、多様な環境に立地する北海道・北東北の縄文遺跡群に最も顕著にあらわれており、遺跡の個性が際立つようになります。北海道伊達市の北黄金貝塚は噴火湾岸の豊富な海洋資源により形成された貝塚です。

六二〇〇年前、東北地方北部から北海道南部に突発的な環境変動が引き起こされました。十和田火山の巨大噴火です。各地に壊滅的な被害をもたらしたと考えられていますが、その影響を最も強く受けたこの地域にその後、強固な文化圏が形成されました。筒形の土器に象徴される円筒土器文化圏です。日本海側の青森県つがる市にある田小屋貝塚はその代表的な貝塚であるし、陸奥湾に面した青森市の三内丸山遺跡ではこの頃からムラづくりがはじまります。

津軽海峡や噴火湾に象徴されるように、豊かな海に囲まれていることが地域の特徴のひとつとなっていますが、それとともに湖沼地帯、さらには河川域など多様な生態系を背景とした個性的な集落が増加してきます。そのようななかで形成されるのが各地の拠点集落です。

海岸部の函館市の大船遺跡と青森市の三内丸山遺跡、湖沼地帯は青森県小川原湖岸の二ツ森貝塚、馬淵川の河岸段丘に立地する岩手県一戸町の御所野遺跡などです。以上の拠点集落は、大規模な土地造成を伴い、それとともに周辺にあった墓・貯蔵施設・加工施設などを集落のなかに取り込み巨大化します。このような拠点集落を中心としてネットワークが形成され、より遠方との交流・交易がいっそう活発になります。このようなネットワークによって北海道南部と東北北部に強固な文化圏が確立されていきます。

四二〇〇年前になると、一時的な寒冷化により拠点集落を中心とした居住形態が大きく転換します。集落は、規模が縮小するとともにそれまでなかった丘陵地や山地にまで分散していきます。このような集落の分散とともに大規模な環状列石があらわれます。

この時期の社会構造の大きな変化は、東日本全体におよんでいますが、大規模な環状列石という形で確認できるのは、東北地方北部と北海道の渡島半島だけです。いずれも複数の集落の独立した墓域であるとともに、分散した集落をつなぐ共同祭祀の場でもありました。このような大規模記念物を通じて祭祀や儀礼をいっそう強めていったものと考えられます。

秋田県鹿角市の大湯環状列石と北秋田市の伊勢堂岱遺跡は、県北部の米代川流域の上流域と下流域にそれぞれあった拠点集落、あるいは青森市の小牧野遺跡は陸奥湾沿岸の三内丸山遺跡を背景として成立したと思われます。同じような変遷は北海道の渡島半島でも確認できるので、このような環状列石は、それまでの拠点集落の周辺に位置することから、その解体に伴って成立した施設と考えることができます。

二五〇〇年前の青森県弘前市の大森勝山遺跡のように、東北北部では大規模環状列石としてそのまま継承されるが、北海道の石狩低地帯では、湖沼地帯周辺に大規模な周堤墓群が構築されます。千歳市のキウス周堤墓群です。

この時期の生活文化を語る上で欠かせないのが海岸部での貝塚や河川沿いに形成された低湿地遺跡です。いずれも縄文文化を具体的に語る遺物が多く出土し、当時の高い工芸技術と祭祀や儀礼という、成熟した狩猟採集社会を語る遺跡です。

北海道洞爺湖町の入江貝塚は海岸沿いの集落で、魚貝類を中心とした海での食生活の様相が理解できるし、隣接する高砂貝塚へと継承されます。青森県つがる市の亀ヶ岡遺跡、八戸市の是川遺跡は貴重な低湿地遺跡で、漆器製品など有機質の遺物が呪術的な色彩の濃い成熟した「亀ヶ岡文化」の姿を今に伝えています。

東北北部で誕生した「亀ヶ岡文化」は、その文化的な特異性から他地域に影響を与えますが、やがて稲作という灌漑農耕の進出により狩猟採集社会は徐々に衰退し、文化的な変換を迫られます。ただし弥生文化は、東北北部では早めに稲作農耕が到達したにもかかわらず寒冷な気候ということもあって停滞し、新たな続縄文文化という形に姿をかえることになります。北海道・北東北は、稲作農耕が定着しなかったこともあって、縄文文化の影響が後まで残っていました。そのため民俗誌という調査方法で縄文から続く技術を確認できる希有な地域ともなっています。

「北海道・北東北の縄文遺跡群」は、日本列島北部の湿潤な気候を背景として豊富な堅果類とシカ・イノシシなどのほか、サケに代表される魚貝類など、豊富な食糧資源を背景として成立した遺跡群です。北海道南部と東北地方北部は、津軽海峡を紐帯としてこの地域ならではの独特な文化を育み、一万年以上継続してきました。

縄文文化は、海に囲まれた日本列島ならではの多様な地理的環境のなかで成立した先史時代の文化ですが、その特徴を最も典型的にあらわしているのが北海道と北東北の縄文遺跡群ということができます。

参考文献

西田正規　一九八六『定住革命——遊動と定住の人類史』新曜社
今村啓爾　一九九九『縄文の実像を求めて』吉川弘文館
大貫静夫　二〇一〇「縄文文化と東北アジア」『縄文時代の考古学1』同成社
辻誠一郎　二〇〇九「縄文時代の植生史」『縄文時代の考古学3』同成社
宮本一夫　二〇一〇「縄文文化と東アジア」『縄文時代の考古学1』同成社
　　　　　二〇〇五『中国の歴史01　神話から歴史へ』講談社
福田正宏　二〇一五「東北アジアのなかの東北先史文化」『東北の古代史1　北の原始時代』吉川弘文館

北海道・北東北の縄文遺跡群

大平山元遺跡（青森県外ヶ浜町／草創期）の土器片
およそ15,000年前という最も古い無文の土器。

垣ノ島遺跡（北海道函館市／早期～後期）の漆塗り土器
全体に朱漆を塗った後期の小型注口土器。縄文時代の高度な漆塗りの技術を示す。

北黄金貝塚（北海道伊達市／前期）の貝層

噴火湾をのぞむ北黄金の丘で、カキ・ホタテ・ハマグリの貝殻とともに、死者を篤く葬った墓やシカの頭骨を祀った儀礼の跡が見つかった。

田小屋野貝塚（青森県つがる市／前期〜中期）から出土した海獣類の骨

日本海側では数少ない縄文時代前期の貝塚をともなう集落遺跡で、クジラやアシカ・トドなどの骨が出土。

三内丸山遺跡（青森県青森市／前期～中期）
青森市南西部の八甲田山系からのびる丘陵の先端部にある大規模な集落遺跡。

二ツ森貝塚（青森県七戸町／前期～中期）
太平洋岸の小川原湖西岸の台地に立地する大規模な貝塚をともなう集落遺跡。

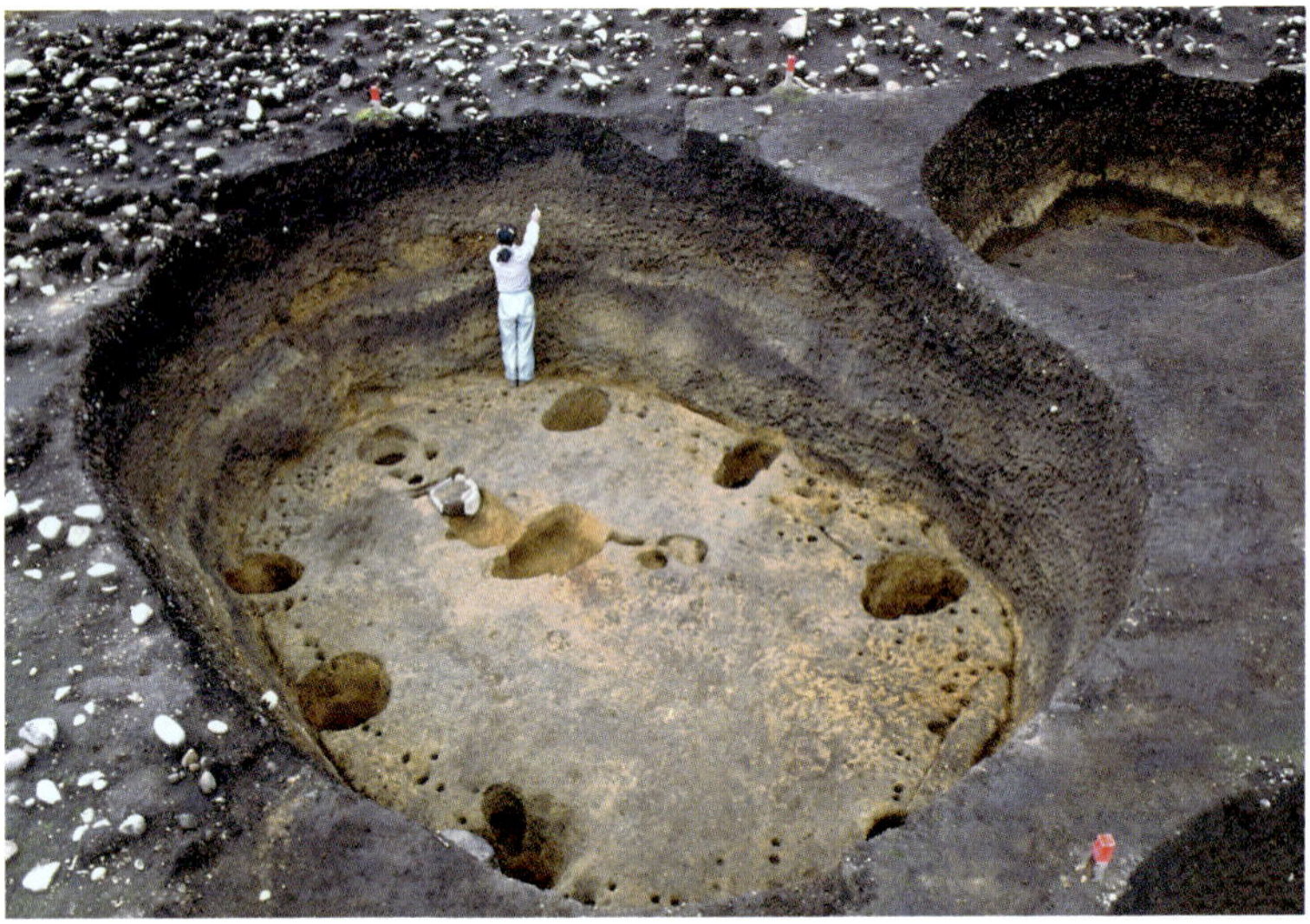

大船遺跡（北海道函館市／中期）の大型建物跡

深さが2.4 mもあり、6本の柱穴に小さな石囲い炉がある。

御所野遺跡（岩手県一戸町／中期）の復元掘立柱建物

中央の広場を取り囲むように配石遺構が、その外側に掘立柱建物が広がっている。

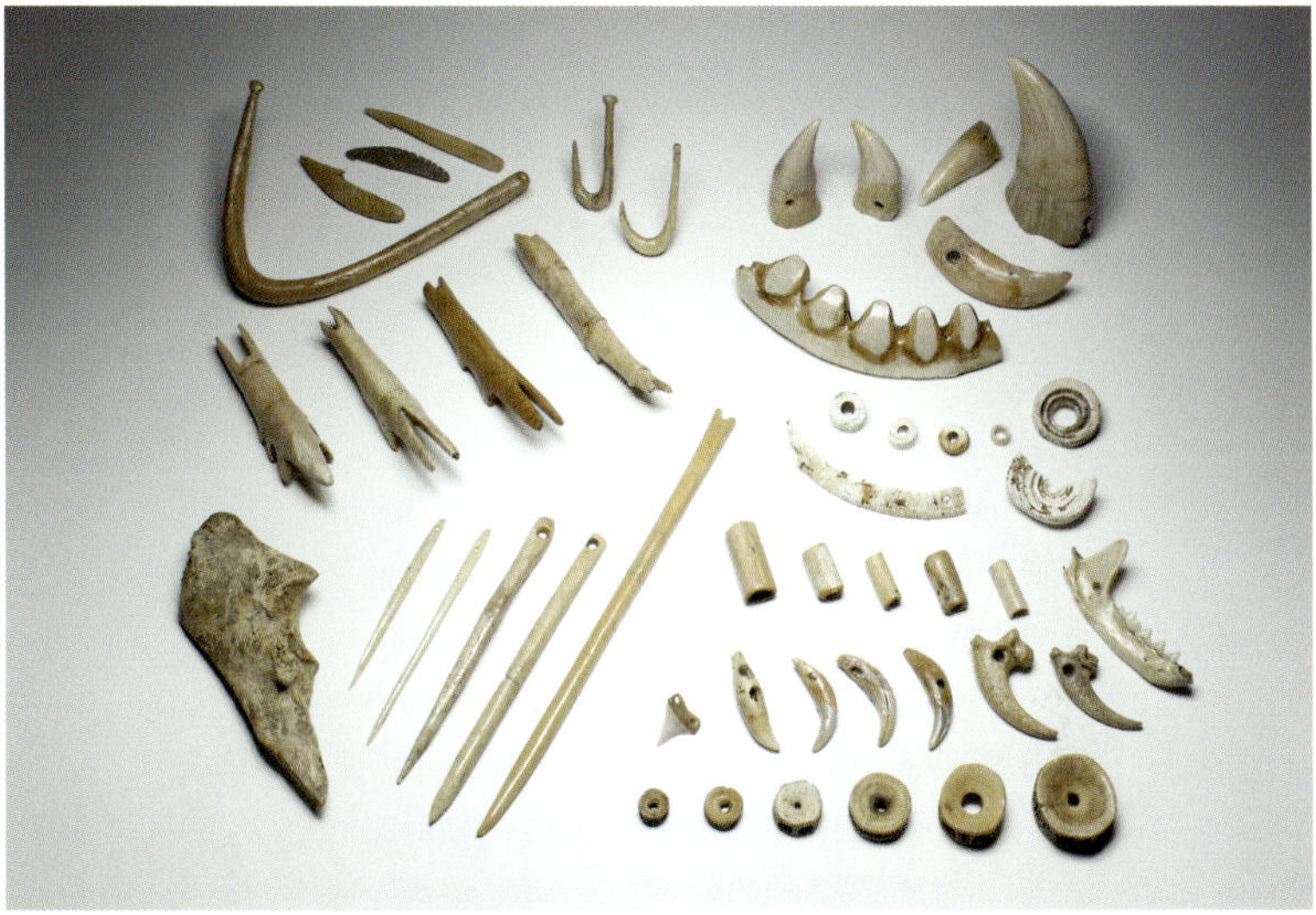

入江・高砂貝塚（北海道洞爺湖町／後期・晩期）
入江貝塚出土の骨角・牙・貝製品類など。

小牧野遺跡（青森県青森市／後期）の環状列石
楕円形の石を縦に置き、その両側に平らな石を数段積み重ね、
あたかも石垣を築くように並ぶ。

伊勢堂岱遺跡（秋田県北秋田市／後期）出土の板状土偶
200点近くの土偶が出土しているが、完全な形に復元できたのは1点のみ。

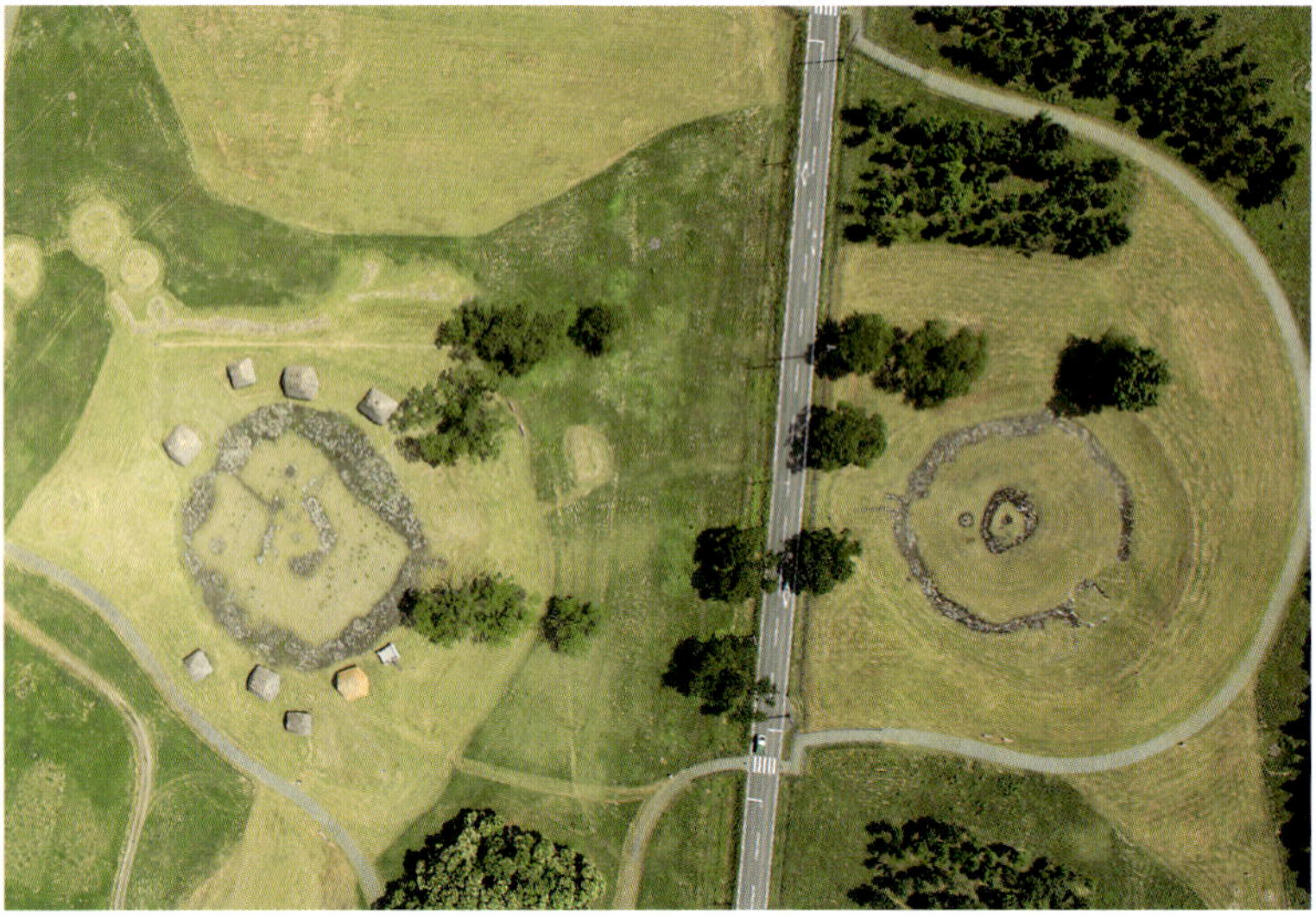

大湯環状列石（秋田県鹿角市／後期）
大湯川左岸の台地上に構築された、万座環状列石（左手）と野中堂環状列石（右手）。

キウス周堤墓群（北海道千歳市／後期）の1号周堤墓
大規模な集団墓で、内部に複数の墓穴がある。

大森勝山遺跡（青森県弘前市／晩期）
青森県西部、岩木山の裾野にある大規模な環状列石。

亀ヶ岡石器時代遺跡（青森県つがる市／晩期）出土の遮光器土偶

土偶の代表ともいえる土偶。1887年（明治20）に発見された。

是川石器時代遺跡（青森県八戸市／晩期）出土の漆塗り土器

晩期の注口土器（手前）と壺形土器。低湿地の捨て場遺構からほとんど完全な形を保った土器が多数出土した。

世界遺産で何が求められているのか

鈴木地平（文化庁文化資源活用課文化財調査官）

日本の世界遺産の現状

みなさんこんにちは。文化庁で世界遺産を担当しております、鈴木地平と申します。今日は世界遺産の現状についてお話ししたいと思います。

今日ここにお集まりのみなさんは世界遺産がどのような制度かもちろんご存じだと思いますが、一九七二年にユネスコで世界遺産条約ができました。世界にある人類の宝、人間の歴史、あるいは地球の歴史を物語るものを国際社会のみんなで守っていこうということでできた条約です。一九七二年に条約ができ、日本がこれに参加したのは一九九二年です。

現在、条約加盟国は世界中で一九三か国です。国連に参加している国の数が一九六か国

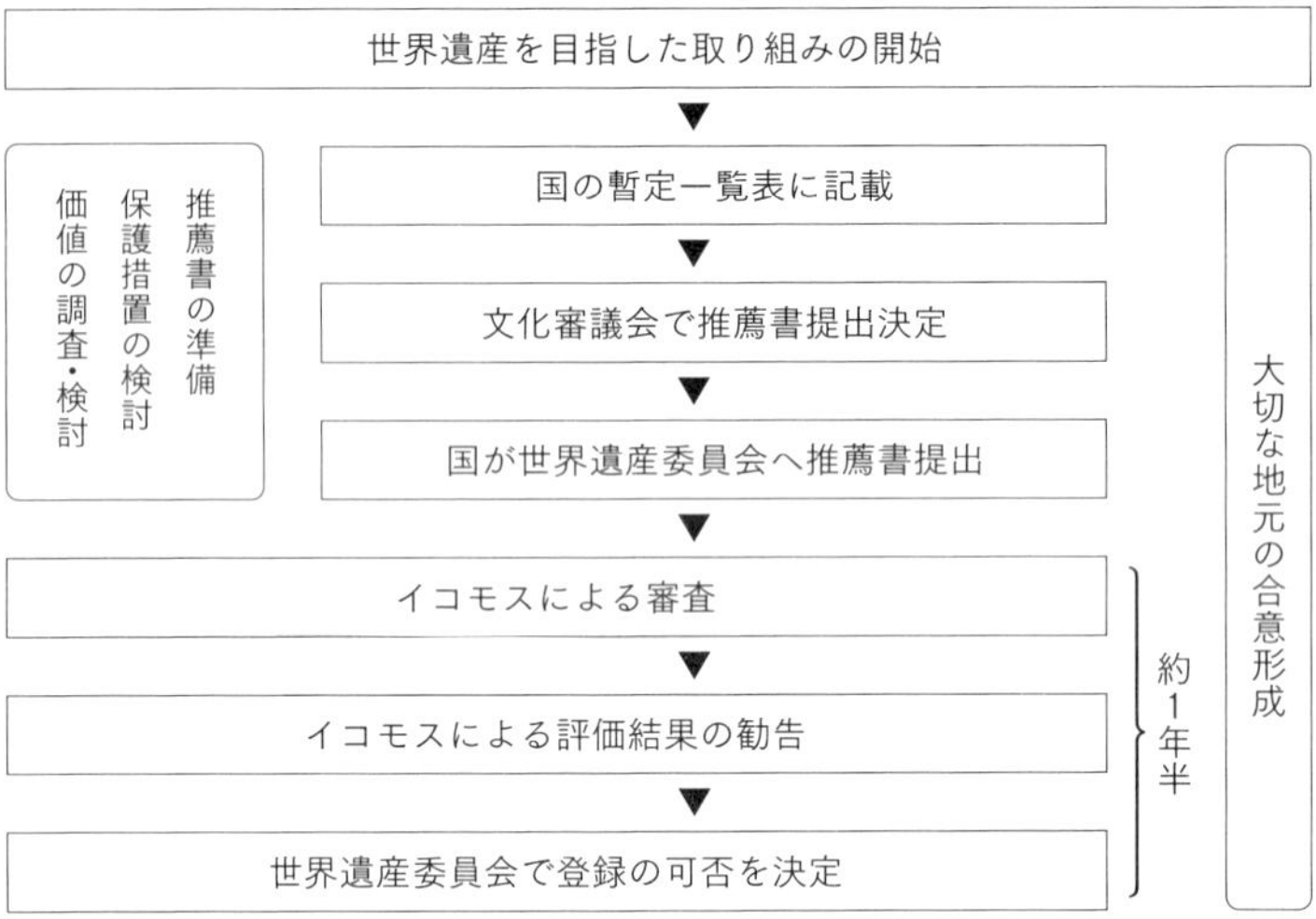

図1　世界遺産までの道のり（文化遺産の場合）

◎文化遺産
①古都鎌倉の寺院・神社ほか（神奈川県）
②彦根城（滋賀県）
③飛鳥・藤原の宮都とその関連資産群（奈良県）
④北海道・北東北を中心とした縄文遺跡群
（北海道・青森県・岩手県・秋田県）
⑤金を中心とする佐渡鉱山の遺産群（新潟県）
⑥百舌鳥・古市古墳群（大阪府）
⑦平泉―仏国土（浄土）を表す建築・庭園及び考古学的遺跡群―（拡張）（岩手県）
＊⑦はすでに世界遺産に登録されているが構成遺産の追加を目指している

◎自然遺産
⑧奄美大島、徳之島、沖縄島北部及び西表島（鹿児島県・沖縄県）

図2　日本の世界遺産暫定一覧表（2018年11月現在）

といわれていまして（二〇一八年一一月現在）、ユネスコの数ある条約の中で成功したものの一つといわれています。世界遺産は現在、世界中で一〇九二件、そのうち文化遺産が八四五件、自然遺産が二〇九件、複合遺産が三八件となっています。

さて、世界遺産になるためにはどのような条件が必要でしょうか。これには二つ条件があります。一つは世界に冠たる、人類全体にとって価値があるということが条件になります。もう一つは保存体制が整っていることです。いくら目の前にある遺産が世界の中でここにしかない貴重なものであっても、それを守っていく体制、人々、意志がなければ世界遺産になることはできません。このことをまず述べておきたいと思います。

世界遺産までの道のりを簡単に図1にまとめました。世界遺産を目指す動きは、まず地元から始まります。現在、日本全国で世界遺産を目指した動きが約五〇から六〇ぐらいあると聞いております。その中で近いうちに日本から推薦書を出すというところ、野球でいうとネクスト・バッターズ・サークルに入るようなものを、「暫定一覧表」というものに記載しておりまして（図2）、「北海道・北東北の縄文遺跡群」はこの「暫定一覧表」に記載され、今まさに推薦書の準備を進めている段階です。

暫定一覧表に記載されますと、さまざまな価値の調査をしたり、保存の体制を整えたりして、最終的に推薦書の準備を整えます。推薦書が仕上がり、世界遺産登録が実現しそうだということになれば、文化審議会が推薦書提出を決定します。

国として推薦書をユネスコに出すと、イコモス（ICOMOS, 国際記念物遺跡会議）という世界遺産登録の審査機関が調査し評価結果を勧告します。そして年一回開催される条約締結国から選出された世界遺産委員会で登録するか、登録しないか、あるいは保留するかを決定することになります。

すべての世界遺産はこうした過程を経て登録されているわけですが、いま日本の状況でいえば、さる二〇一七年七月に『神宿る島』宗像・沖ノ島と関連遺産群」がみごと登録されましたし、「長崎と天草地方の潜伏キリシタン関連遺産」が推薦書をすでに提出し審査の途中にあります（二〇一八年六月に登録決定）。そして「百舌鳥・古市古墳群」が二〇一八年二月一日までの提出を目指して、推薦書の最終的な仕上げを急ピッチで進めています。

現在、日本で暫定一覧表に記載されているのが八件ございまして、世界遺産に登録されているのが、文化遺産が一八件、自然遺産が四件の二二件となっています（二〇一八年一一月現在）。世界中には一〇九二件の世界遺産があって、そのうちの二二件というのはもっとあってもいいような気がしますね。しかし、他方で一九三か国のうち二二件というと、上から数えて一三番目ぐらいなんですね。一番多いのがイタリアの五四件。その次が中国で五三件。それだけたくさん持っている国もあれば、条約加盟国一九三か国中世界遺産がないという国が約二六か国あります。日本はもっとあってもいいのかなと思います。

変わる世界遺産の形

さて、ここでクイズです。日本には世界遺産が二二件あると言いましたが、私はある意図をもって二つのグループに分けてみました。一つは「姫路城」「厳島神社」「原爆ドーム」のグループ、もう一つは「紀伊山地の霊場と参詣道」「富士山」「ル・コルビュジエの建築作品」のグループ。この二つのグループはどこが違うでしょうか。

答えは、単体で世界遺産に登録されているグループと、複数の資産が一括して世界遺産に登録されているグループです。後者は「シリアル・ノミネーション」と言いまして、地理的につながっていない物件がひとつの遺産として登録されるものです。最近ではこういう形をとることが多いです。

この複数の資産からなるシリアル・ノミネーションですが、特有の難しさがあります。たとえば構成資産が一七件あるとすると、一七件が総体として世界的な価値をもつことが求められ、かつそれぞれの構成資産が全体的な価値に貢献していなければならないというルールがあります。したがって、縄文遺跡群で世界遺産にするならば、日本中にある縄文遺跡を全部入れればいいのではという意見もあると思いますが、「これとこれは世界的な価値があるけれども、あれとあれは価値がないのでは」といった問題が出てきてしまう恐れがあるんですね。

最近の世界遺産の傾向について、二〇一七年七月に登録された「『神宿る島』宗像・沖ノ島と関連遺産群」を例にお話ししたいと思います。

福岡県の宗像地域にある資産群ですが、現在でも海上の安全を祈願する場所になっています。特に四世紀以降、ヤマト王権が力をもっていく中で、大陸と交易をするために北九州から沖ノ島・朝鮮半島を通って中国に渡るルートを使っていました。船は非常に簡素なもので事故も多かったようです。この海上の安全を祈願し、航海技術をもっていた宗像地域の人々の力というのは交易の中で非常に重要だったんですね。そこで祈りをささげたのが、九州本土から沖合六〇キロにある沖ノ島、沖合一〇キロにある大島、そして九州本土で形成された一つの祭祀空間です。

古代から現代にいたるまで連綿と引き継がれている非常に重要な資産であるということで、八つの資産のシリアル・ノミネーションで世界遺産推薦書を提出しました（図3）。それを受けてイコモス勧告が二〇一七年五月五日夜一〇時頃に出たわけですが、沖ノ島とその周辺の三つの岩礁の四つの資産で価値を認めるというものでした。ほかの大島および九

沖津宮（沖ノ島）

沖津宮遙拝所

辺津宮

新原・奴山古墳群

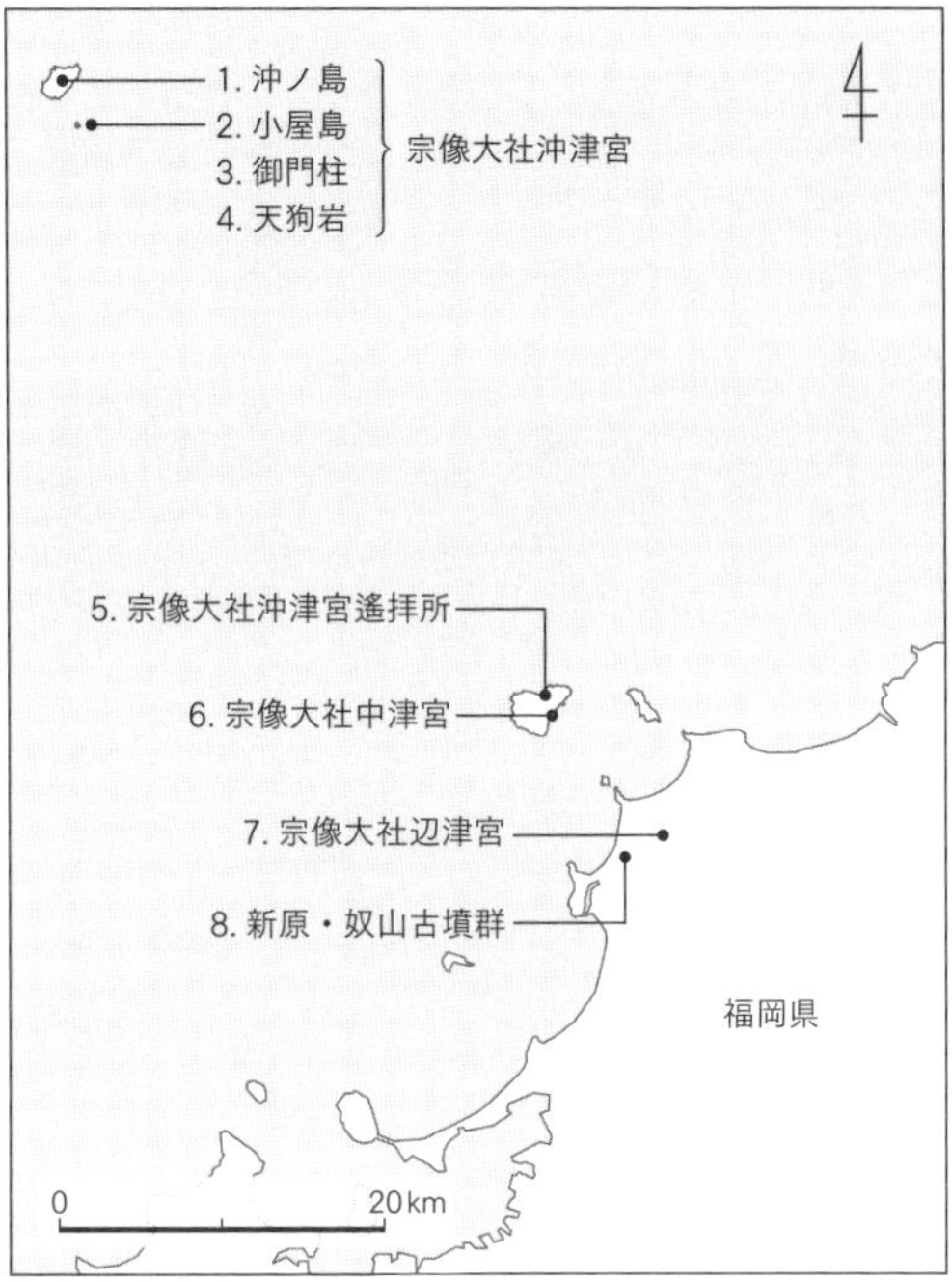

本資産は、「神宿る島」沖ノ島を崇拝する文化的伝統が、古代東アジアにおける活発な対外交流が進んだ時期に発展し、海上の安全を願う生きた伝統と明白に関連し今日まで継承されてきたことを物語る稀有な物証である。沖ノ島には4世紀から9世紀の間の古代祭祀の変遷を示す考古遺跡が、ほぼ手つかずの状態で現代まで残されてきた。沖津宮、中津宮、辺津宮の古代祭祀遺跡を含むこれらの三つの場は、宗像大社という信仰の場として現在まで続く。18世紀までに成立した沖津宮遙拝所は、上記で述べたような沖ノ島を遥拝する信仰の場である。そして、その信仰を担い育んだ宗像氏の存在を物語る資産が、新原・奴山古墳群である。

図3 「神宿る島」宗像・沖ノ島と関連遺産群の構成資産

州本土に所在する四つの資産がなぜ認められなかったかと言えば、沖ノ島は八万点におよぶ国宝があって文化財が今でもザクザク残っている場所で、別名「海の正倉院」なんて呼ばれている価値のあるところです。しかし、大島や宗像大社はどこにでもある神社ということで入れられなかったのです。

そこで五月から六月にかけて、構成資産について、三つの神社があって初めて信仰の空間が形成されて、現在まで受け継がれてきたということをていねいに説明しました。そして七月の世界遺産委員会では私たちの主張したとおり八つの資産が登録となりました。

翌日の新聞にはこんなふうに載りました。「沖ノ島逆転登録」「イコモスの勧告を覆す」「ロビー活動が功を奏する」。あたかも日本が公正ではない手をつかってイコモスの正しい意見を覆した、とそこまで言うと言い過ぎかもしれませんが、そうした書きぶりをされて、担当する者としては違和感を覚えたところなんです。

なぜそういう違和感があったかというのを熟々考えてみますと、先ほど申し上げたとおり日本としては海に生きる人間が海に対してどのような働きかけを現在に至るまでしてきたかという信仰の資産ということで推薦書を作成していました。他方でイコモス側は、これは文化財が多量にある古代東アジアのあり方を示す考古学的遺産であるという主張でした。どちらかが合っていてどちらかが間違っているということではなくて、確かにイコモスの言うような見方もできます。これはこれで理屈が通っています。これに対して日本側の主張が間違っているかと言えば、私はそうではないと思います。

同じ「宗像・沖ノ島」という一つの資産を見ても、片やイコモスは考古学的な資産である、片や日本は民俗学的、宗教学的な資産である、さてどちらのほうの理屈が通っていますか、というのを世界遺産委員会に示して、日本の理屈もむべなるかなということで登録になったということです。

これまで登録されてきた、たとえば金閣寺や平等院（「古都京都の文化財」）は、誰が見ても造園や建築学的な価値からこれは素晴らしいと論じるので、宗教学的あるいは人類学的な見方をする人はそんなにいなかったのではないでしょうか。こうした、ある種決まった見方ができる資産がかつては多かったのですが、最近では説明が必要な、いろいろな見方のできる資産になってきていると思います。これを「わかりやすい」「わかりにくい」で表現してしまっていいのかよくわからないところですが、推薦する資産の質が変わっているというところはあります。

これは日本だけの話ではありません。万里の長城とかピラミッドとか誰の目にも「わかりやすい」資産から、たとえばある民族の集落跡であるとか世界的に影響を与えた建築家の作品群であるとか、一見「わかりにくい」もの、説明されて初めて価値がわかる資産に変わっているというところがあります。それは逆に言うと、いろいろな見方ができる、さまざま人が興味をもてる資産になってきているのかなと思います。そのために、イコモスも言っていますが「見解の相違」が生じやすくなっているのではないか。これが『神宿る島』宗像・沖ノ島と関連遺産群」だったのではないかと思います。

「長崎と天草地方の潜伏キリシタン関連遺産」も同じことが言えると思います(図4)。日本にキリスト教が伝わって、キリシタン大名が誕生し、禁教・弾圧され、明治時代に解禁されるという一連のプロセスが、世界中ほかにないということで推薦したのですが、これもイコモスから、日本で顕著なのは禁教期間が二五〇年の長期間にわたって続きましたが、さまざまな形をとりながら脈々と伝わってきたということが価値なのではないか、という指摘があって、推薦書を出し直しました。これも一つの光の当て方の違いだったのかなと、今となってはそのように思います。

世界遺産で何が求められているのか

では、翻って「北海道・北東北の縄文遺跡群」のケースですが、いろいろな動機で世界遺産を目指されていると思います。観光効果があるとか、縄文文化の価値を世界に発信し

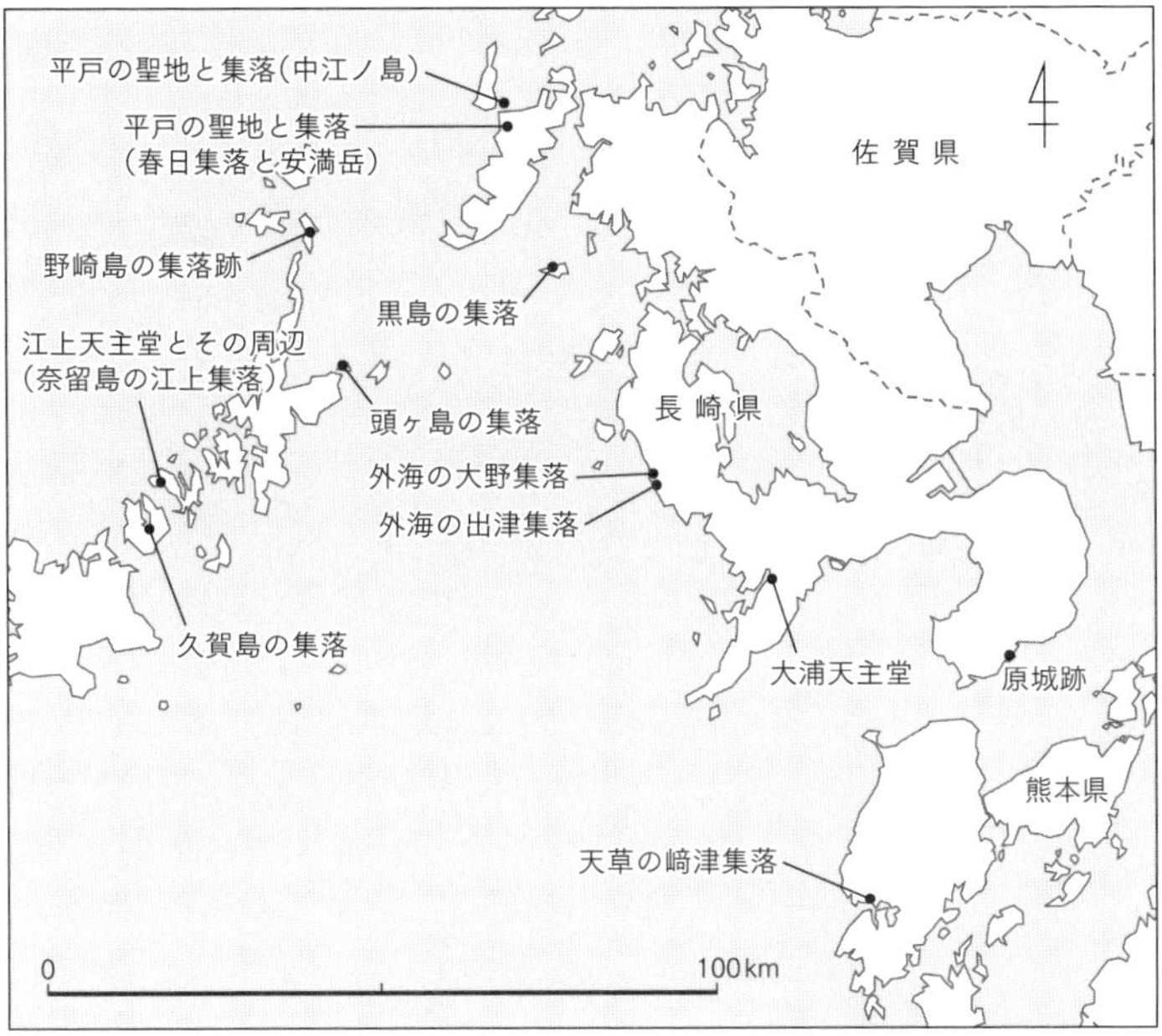

本資産は、16世紀にキリスト教が大航海時代を背景に極東の国日本へ伝来し、その後の江戸幕府による禁教政策の中で「潜伏キリシタン」が密かにキリスト教への信仰を継続し、長崎と天草地方の各地において厳しい生活条件の下に、既存の社会・宗教と共生しつつ、独特の文化的伝統を育んだことを物語る貴重な証拠である。

潜伏キリシタンの文化的伝統が形成される契機となる出来事が考古学的に明らかにされている原城跡、潜伏キリシタンが密かに信仰を維持するために様々な形態で他の宗教と共生を行った集落（平戸の聖地と集落・天草の﨑津集落・外海の出津集落・外海の大野集落）、信仰組織を維持するために移住を行った離島部の集落（黒島の集落・野崎島の集落跡・頭ヶ島の集落・久賀島の集落・奈留島の江上集落〈江上天主堂とその周辺〉）、潜伏キリシタンの伝統が終焉を迎える契機となった出来事が起こり、各地の潜伏キリシタン集落と関わった大浦天主堂から構成される。

大浦天主堂

天草の﨑津集落

図4　長崎と天草地方の潜伏キリシタン関連遺産の構成資産

たいとか、登録によって保護や整備、活用が進むのではないかとか、いろいろな動機があると思います。

どれもそのとおりだと思いますし、どれも世界遺産による一つの効果だと思います。私が一番強調したいのは、その資産が地元のみなさんにとって誇れる資産であるのか、愛すべき資産であるのかというところを今一度、そして世界遺産になった後も確認してもらいたいと思います。

目の前に価値のある遺産があっても、「世界遺産は困るよ。外国から多くの人に来られても迷惑だ」というようなことでは世界遺産になることはできません。世界遺産を目指す取り組みを通じて、あるいは世界遺産になった後も大事なのは、地元で遺産を大事に思う気持ちがあるか、それを子孫の代まで伝えていく意識形成ができているかどうかというようなことも非常に大事なんじゃないでしょうか。

「世界遺産になってこんなによくなった」「世界遺産になってこんなことができるようになった」というふうにみなさんに思っていただけることが大事なのではないかなと思います。

世界から見た縄文文化

羽生淳子（カリフォルニア大学バークレー校教授・総合地球環境学研究所客員教授）

ご紹介いただきました、羽生淳子と申します。今日は、「世界から見た縄文文化」というタイトルでお話しさせていただきます。

現在私は、カリフォルニア大学バークレー校というサンフランシスコの近くにある大学の人類学科で考古学を教えておりますが、生まれ育ったのは神奈川県横浜市にある日吉駅の近くです。私が子ども時代を過ごした一九六〇年代は、都心近辺でたくさんの遺跡が破壊された時期ですが、横浜にもまだ遺跡が残っていて、家のまわりの遺跡で縄文土器の破片を拾い、いわゆる「考古少女」として考古学にずっと興味を持っていました。

それで大学で考古学を専攻したのですが、いくら土器を見てもそれだけでは当時の人々の暮らしはわからない、と大学の先生から言われました。どうしたらよいか考えまして、土器とか石器とかいったモノと人々の暮らしのつながりがわかる、民族誌の研究が進んだ地域で研究を続けたいと思いました。たとえばカナダやアメリカは、先住民族の遺跡・遺物と先住民族の近年の民族誌の両方がそろっていて、人類学的な研究がなされている地域です。そういった専門の先生のいる大学へ行きたいと考え、カナダのモントリオールにあるマッギル大学へ進んで、カリフォルニアで職を得て現在に至っています。しかし、私がもともと研究したかったのは縄文時代ですので、年に五、六回は日本に帰国しています。

私は二〇〇四年にケンブリッジ大学出版会から"Ancient Jomon of Japan"という本を刊行しました。おかげさまで世界の方々に広く読まれておりまして、日本にこんなに素晴らしい縄文文化があったことを英語で紹介してくれたのはありがたい、という励ましの声をたくさんいただきました。縄文土器のような芸術が何千年も前にあったことや、縄文時代は土器を持つ狩猟採集民だったという点で、縄文文化の研究は世界の人々から注目を浴びています。

発掘資料の量と質が優れている

日本の考古学の大きな特徴として、発掘資料の量と質がたいへん優れているということがあげられます。世界中で考古学の発掘が行われていますが、日本のように地元のたくさんの方々が誇りをもって、「自分たちの町の歴史を知るうえで考古遺跡は大事だから、発掘して記録を残そう」「遺跡を保存しましょう」と熱心にやっているところは、世界広しといえどもそうはありません。こうした動きが活発になったのは一九七〇年代後半から一九八〇年代にかけてです。ですから、私が育った一九六〇年代にはこうした緊急発掘のシステムはまだ整っていなくて、遺跡が壊されてしまった例がたくさんあったんですが、一九七〇年代後半からそうしたシステムが整ってきました。

図1は、一九七三年から二〇一四年までの日本における発掘調査数をグラフにしたものです。開発にともなう緊急発掘調査は、一九七三年には一〇〇〇件くらいだったのが、一九九〇年代半ばには一〇〇〇〇件を超えるところまで増えています。最近は少し減っていますが、それでも八〇〇〇件前後で推移しています。一九八〇年代の半ば以降、毎年続けて六〇〇〇件以上の遺跡が組織的にていねいに発掘されているということです。

こうした国は世界を探してもほとんどありません。そして、発掘数の増加にともなって経験と技術が蓄積され、分析技術も一九八〇年代以降、飛躍的に進展しました。ですから、日本の発掘技術と分析は世界で高い評価を受けています。特に大事なのは、世界遺産を目指す「北海道・北東北の縄文遺跡群」のうちのかなりの部分が、一九八〇年代以降の発掘

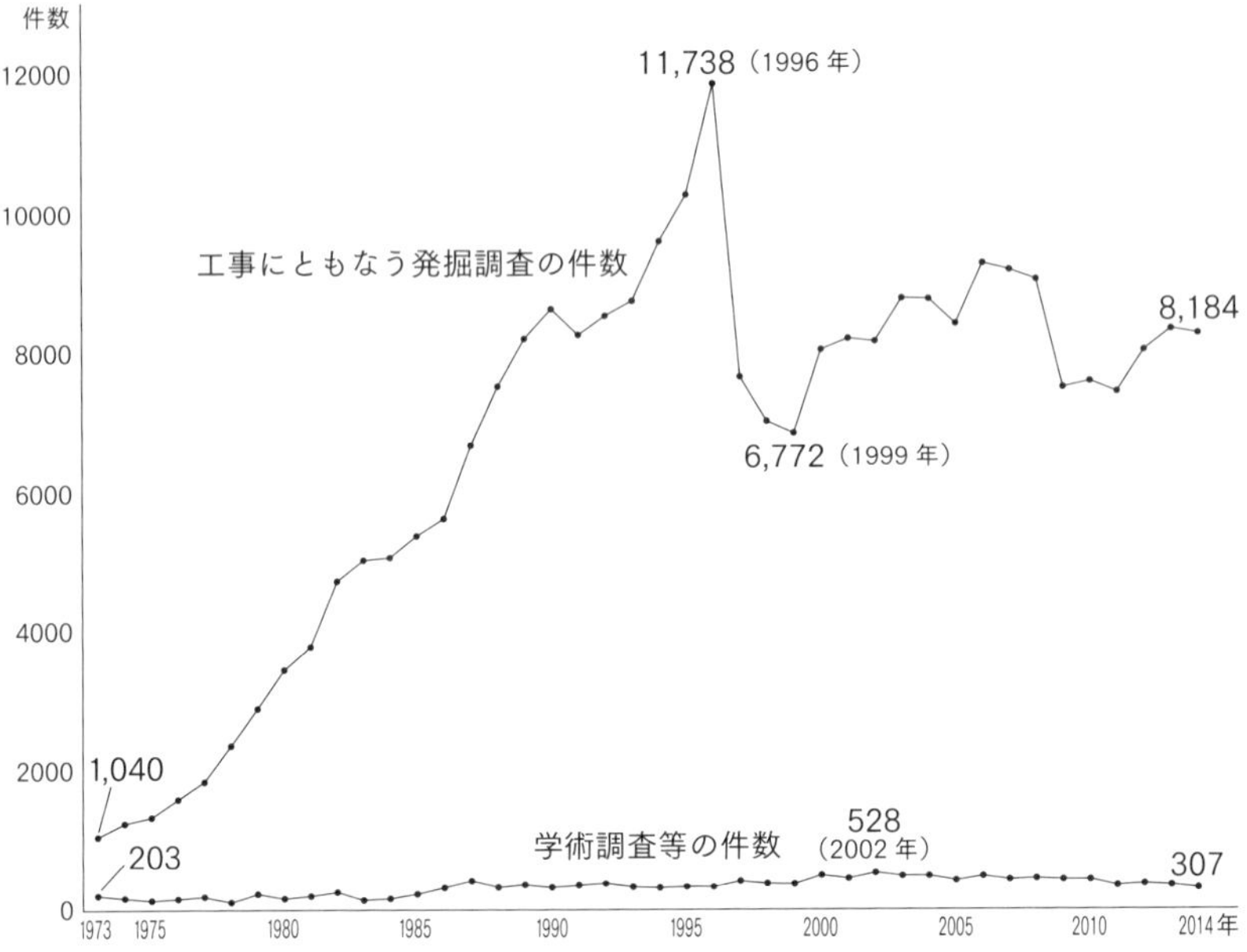

図1　日本における発掘調査件数の推移
（文化庁文化財記念物課2015より作成）

だということです。つまり、日本の発掘技術・分析が進んできた時点で大規模な発掘がされたところが多く、その結果、縄文時代の遺跡の中でも、特にキチンとした記録が残っている素晴らしい遺跡群となっています。

こうした背景の一つに、海外との法律の違いがあります。日本では、考古学というのは日本の歴史を考えるための一分野ですから、すべての遺跡は大事であるという観点に立ちます。なので、すでに遺跡だとわかっている場所を開発するときは、その開発予定地のすべてを発掘します。市町村の埋蔵文化財担当職員が積極的に関わり、発掘調査後は遺構の記録と遺物の整理をきちんと行い、発掘調査報告書を刊行し、主だった大学や都道府県の図書館、埋蔵文化財センターに行けば閲覧できるようになっています。

こうしたことは日本では当たり前ですが、アメリカに行くとそうではありません。まず、発掘義務があるのは公有地のみです。私有地で遺跡が見つかった場合は、先住民族の墓などがあるケースを除いて、勝手に壊してもいいという法律になっています。日本では考えられませんが、アメリカの法律では基本的にそうなっています。埋蔵文化財担当の行政職員も少なく、緊急発掘調査のほとんどは発掘会社が担当しています。

そして大きな違いとして、アメリカの考古学では全面発掘という考え方がありません。極端な場合、発掘前に建物や道路を建築して、その後で残った場所を発掘するという、日本考古学の常識からすれば信じられない例も見受けられます。発掘調査報告書についても、一般の人にも閲覧できるように刊行されるわけではなく、埋蔵文化財センターのような施設があるわけでもありません。たとえばカリフォルニアでは、行政機関に行って申請して許可が下りてはじめて閲覧できるというように、発掘成果の情報が出回りにくいシステムになっています。

食べ物の多様性と文化の長期持続性

では、日本考古学のデータを使って何ができるのか。ここがいちばん大事なことだと思います。データの量も多く質も良いということは、いろいろな研究ができるということです。

イコモス（ICOMOS, 国際記念物遺跡会議）に関わっている方々のお話をうかがった際にも、彼らが一番興味を持っているのは、遺跡のデータを使ってどんな研究ができるか、考古学だけでなくこれからの人類の暮らしや幸せを考えるときに役に立つ研究ができるかどうかだと感じました。

もちろん縄文時代の遺跡ではさまざまな研究ができるんですが、私が重要だと思うのは食べ物の多様性と、人・モノ・情報の移動です。この二つの特徴というのは、社会全体の安定性、あるいは社会の脆さといったことに非常に大きく関係してくるものだと考えています。

特に私が興味を持っているのは、縄文時代の食べ物の多様性と貯蔵の研究です。食べ物を貯蔵するかどうかというのは、文化を考えるうえで大きな変わり目です。よく、農耕の始まりが文化の転換期、という話を聞きますが、私はそれよりも前に木の実などを貯蔵しはじめたことが、人間の歴史の中で一番重要な転換期だったのではないかと考えています。このような視点から文化の持続可能性を考え直してみるときに、縄文時代の資料は大きな貢献ができると思います。

食べ物の多様性というのは、これからの人々の生活にとって、とても大事になってくると思います。日本は世界的にみると、食の多様性という点では優秀な部類に入っていまして、人一人が食べる食べ物の種類の平均がアメリカやオーストラリアでは一日六品目前後なのに対して、日本の平均は一三品目なんだそうです。食べ物の多様性は健康にとっても大事ですし、何かの作物がとれなくなったときに、ほかにバックアップのプランがあるかどうかという点でも大事です。たとえば、昔の飢饉の原因について、やませが吹いたとか旱魃だったとかいろいろな原因が挙げられています。しかし、実は、やませが吹いたからただちに飢饉になるのではありません。やませが吹くような寒冷な所で無理に米を作ることで飢饉になりやすいという、自然的要因と人為的要因の複合によって飢饉は起こりやすくなります。

食の多様性と同時に重要なのは、自分のところで食べ物がなくなったときに、他所が助けてくれるかどうかです。そのためのネットワークがあるかどうか、食べ物がもらえるように日ごろ隣近所と仲良くしているかどうか。それから、たとえば、今年はドングリのできが悪かったからほかの場所に行ってみよう、というような人やモノの移動。それをかなえるためにはどこに何があるかという情報が必要になりますので、その情報の移動。こういったことがすべて、社会の安定性と脆さにつながっています。

食べ物の多様性についてもう一つ大事なことは、主食とその位置づけです。日本人の主食は米と考える人が多いと思いますが、米がとれなくなったときにバックアッププランがあるかどうかはとても大事です。炭水化物を主食とするのは、日本だけではなくて世界各地に例がありますが、温帯の狩猟採集民の場合には、ドングリだったり、クリだったり、木の実というのが重要になってきます。

図2は、一九六〇年代に撮影されたカリフォルニアの先住民族のドングリ加工の写真です。太平洋の向こうのアメリカ大陸でも、炭水化物は重要な主食になっていました。

図2　カリフォルニア先住民族のドングリ加工（1960年代）
（ハースト人類学博物館、カタログ番号13-6839）

炭水化物が主食なのは当然だろうとみなさんは思うかもしれませんが、アメリカの同僚に聞くと必ずしもそうではありません。アメリカでの主食について、Main mealという言い方があるんですが、パーティーをするからみんな一品ずつ料理をもってきてねというときに、同僚の一人が「私はメイン・ミール持っていくからね」と言いました。さて何が出てくるんだろうと興味津々でパーティーに行きましたら、出てきたのはなんとチキンの丸焼き。アメリカの人にとっての主食が必ずしも炭水化物ではなくて、お肉だということがわかって、ちょっと驚きました。

日本では、縄文時代以来、おそらく木の実、それから植物の根といった植物質食料が、歴史的に重要な役割を果たしてきたと思います。縄文時代はじめの草創期から早期は、食べ物の主体が炭水化物に移行する過渡期、縄文時代前期から晩期にかけてが、主食が炭水化物になってくる時期だと思います。

私は、主食がはっきりしていて特定の食べ物に集中する生業を持つ人たちを「スペシャリスト」と呼んでいます。それに対して、いろいろなものを食べ、主食が決まっていない暮らしをしている人たちを「ジェネラリスト」と呼んでいます。

ジェネラリストの暮らしとは、まわりにいろいろな食べ物が豊富にあるので、食べ物を貯蔵しなくても生きていける暮らしです。具体的には、ムラがあって、ムラから歩いて二時間ぐらいまでのところで食べ物をとってムラに戻ってくる。そしてまわりの食べ物がなくなったら次の場所に移動する。図3に示したジェネラリスト型の狩猟採集民の例では、一年に約九回移動するそうです。草創期から早期の縄文人はこれに近い形と考えられます。

それが縄文時代の前期ぐらいからだんだん変化して、木の実などの炭水化物系の食料をたくさんとって、貯蔵して冬を越すという暮らしに変わってきました。そうするとムラのまわりだけでは足りなくて、遠いところへも出ていって、とってきたものを貯蔵する。たくさんのものをムラに貯蔵できるので人口が増えます。ただし、この場合には、不作の年を考えて備えをしておくことがとても大事になります。

図4は、スペシャリスト型の集落の移動を示した図です。このタイプの狩猟採集民の集

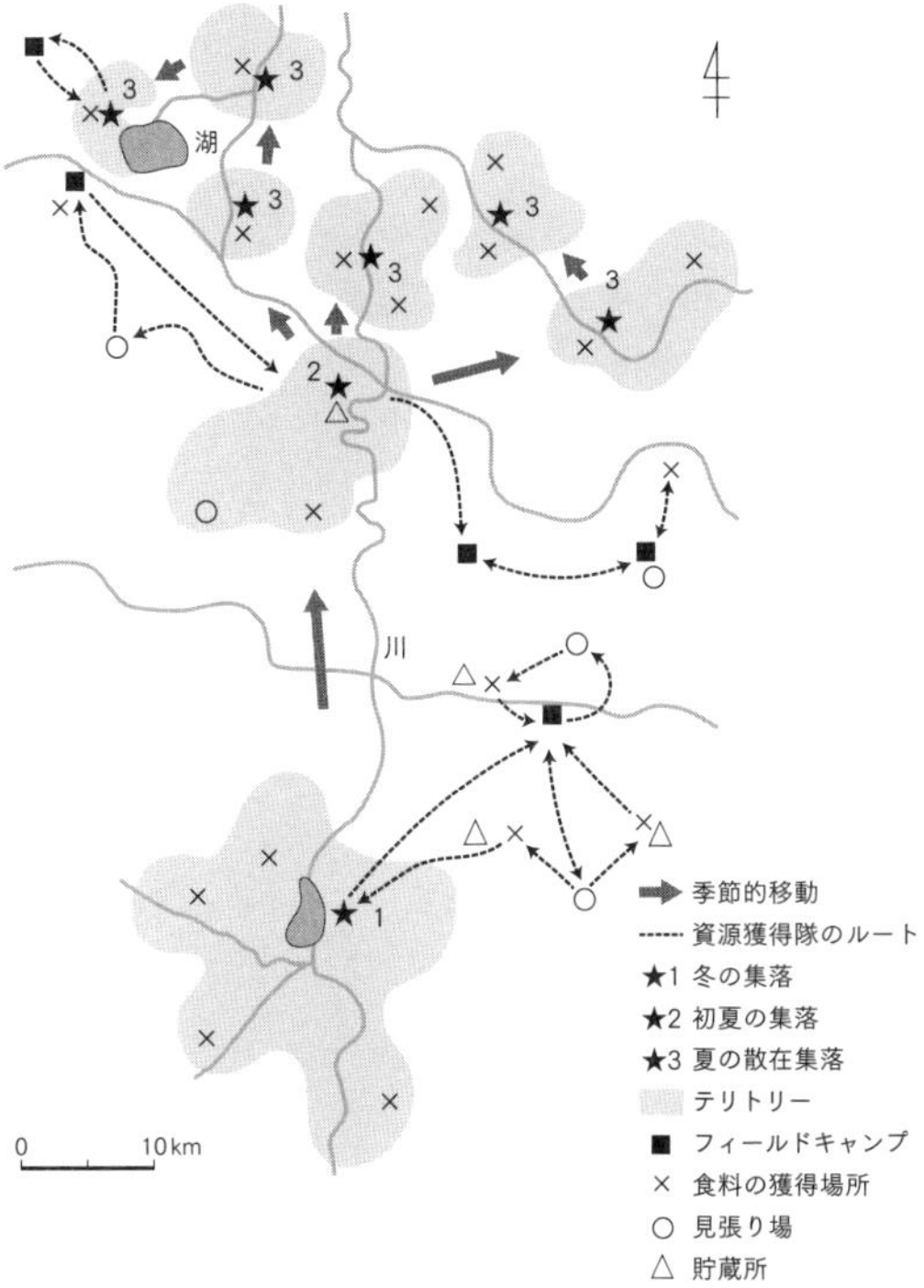

図4　スペシャリスト型の生業・集落システム
（Binford 1980より改変）

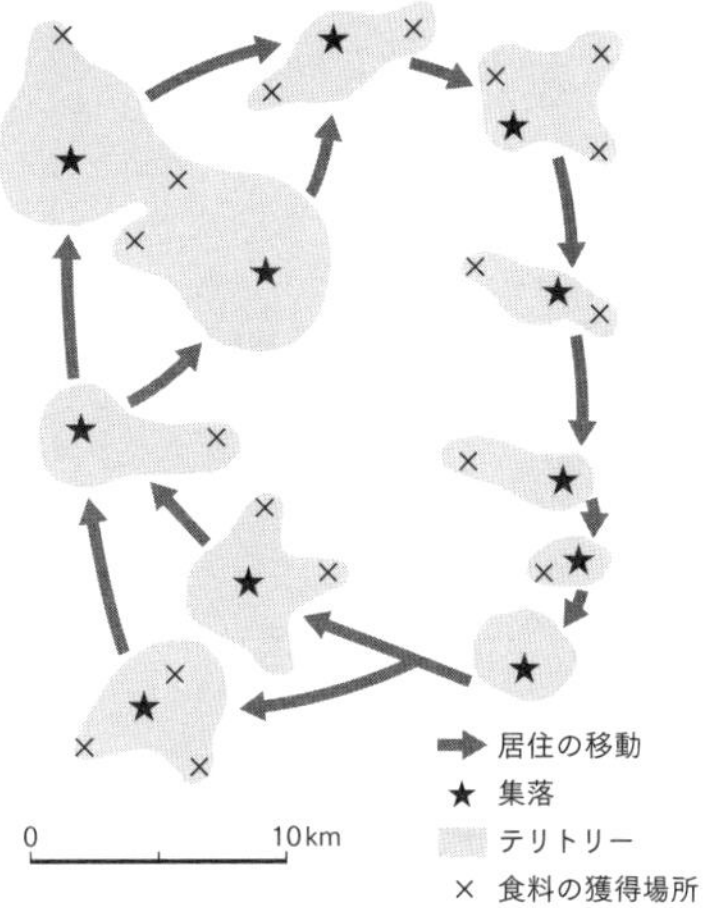

図3　ジェネラリスト型の生業・集落システム
（Binford 1980より改変）

落システムでは、秋の初めに冬のための大集落に移って、そこに食べ物をいろいろ持ち帰って貯蔵します。初夏になると山側に移って同じようなことをして、夏の終わりには小さな集落に散らばって、秋にまた冬集落に戻ってくる。この図では、年に三回動くことになります。縄文時代の集落の大部分はこんな感じだったと思うんですけれども、こういう民族誌事例がすごいと思うのは、定住的な狩猟採集民ではあっても、いざとなったら散らばって暮らせるというバックアッププランがあったことなんですね。

スペシャリストの生活は大量の食料を確保できますけれども、この方法だけを続けていると食べ物の多様性が低下して、気候変動や天災があったときに被害を受けやすくなります。特に、あまり欲張って一種類の食べ物だけをたくさんとっていると長くは続きません。たとえばワラビ根からワラビ粉をとっても、全部ワラビを収穫してしまったら、そのうちとれなくなります。ですから欲張らず、いざというときのバックアッププランを数多く持っておくのが大事です。

これができなくなってしまうと環境の破壊にもつながります。そうなったのか、ならなかったのかというところから人間の歴史を振り返り、そこから教訓を得て私たちはこれからどうしていけばいいんだろうということを考える。縄文時代については、大きく見れば、食べ物の多様性が高かった時代だと思いますが、主食が炭水化物に偏りはじめた時代でもあります。ですから、いつも食のバランスがとれた時期であったのか、あるいは炭水化物に片寄りすぎた時期もあったのかというところが、一番興味のあるところです。縄文人は食べ物の多様性が高いジェネラリストだったのか、あるいは多様性が減ってきたスペシャリストだったのかについて、もう少し考えてみましょう。

図5のような大きい集落をつくるためには、どうしても食べ物を貯蔵する必要があるので、縄文時代は、どちらかといえばスペシャリストに寄っていた時代であると言えます。特に、関東、中部地方の大集落からは、打製石斧がたくさん出土していて、おそらく土掘具だろうといわれています。ユリ根とかワラビ根などを集める土掘具と考える研究者が多く、植物質食料に偏った時代ではないかと言われています。

図6は、青森県の合子沢松森（4）遺跡という縄文時代前期末の遺跡で、カリフォルニア大学の学生さんたちに手伝ってもらって発掘したところですが、クルミとかクリが少しですがみつかりました。そして図7はみなさんご存じの三内丸山遺跡ですね。三内丸山遺跡で住居の数が一番多くなる時期には、植物質食料の加工具であると思われる磨石がたくさん出土しています。縄文時代中期の遺跡では、このように植物質食料に関わる遺物がたくさん出土している例が多くみられます。

面白いのが、縄文時代中期というのは人口推定値が一番大きくなる時代だということで

図5　縄文時代中期の大規模な集落跡　神奈川県横浜市にある神隠丸山遺跡で見つかった竪穴住居跡（中央広場をかこむように環状に広がっていた）。

図6　合子沢松森（4）遺跡（青森市）の住居跡と出土したクルミ（右上）、クリ（右下）縄文時代前期末・円筒下層ｄ式期の遺構で、住居中央部の石囲いは炉。床面に四角形の掘込があり、その北側（写真下部）には、Ｕ字状土手の内側が円錐形に落ち込む特殊遺構がある。同様の事例は前期末頃の他遺跡でも知られている。

図7　三内丸山遺跡と出土した磨石

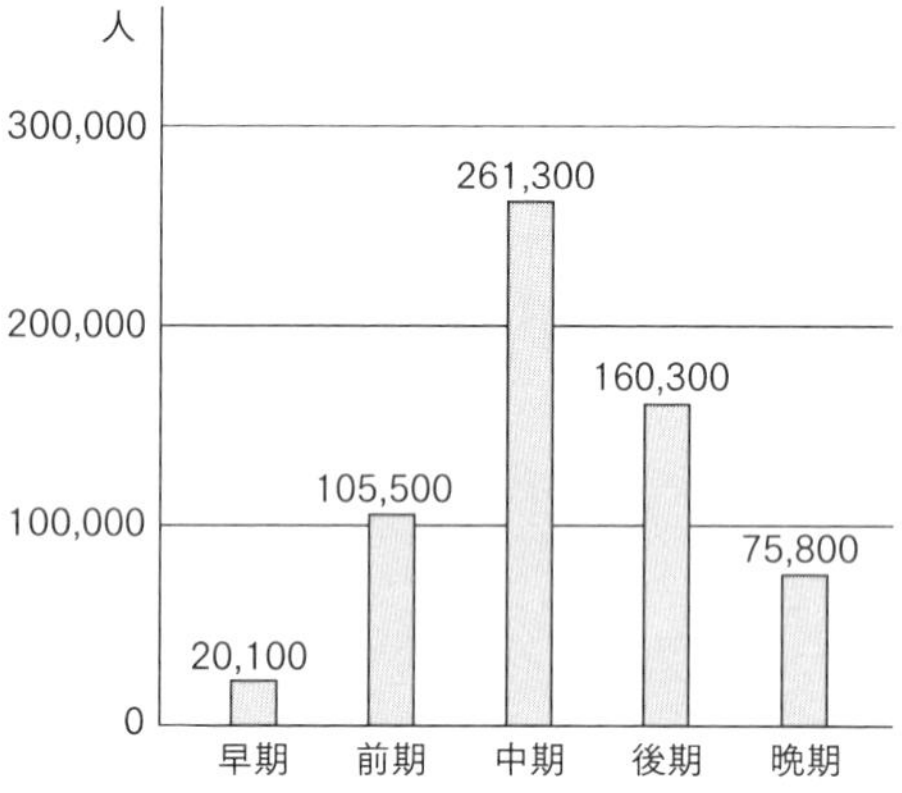

図8　縄文時代の推定人口（小山1984より作成）

す。日本全国でおよそ二六万人いたのではないかと言われています（図8）。もちろん、いくつかの推定にもとづいた試算なので、この数字が正確とは限りませんが、全体としての時間的変化の傾向は間違っていないと思います。関東では、特に中期が多くて後期に減るという傾向がはっきりしています。東北に関しては、中期末の減り方自体は関東ほど大きくはないのですが、それでも同様の傾向があります。

縄文時代には、全体としては食べ物の多様性があったということはわかっていますが、その中で植物質食料の割合が上がった時期がいつだったのか、どうして上がったのか、上がりすぎて多様性を元に戻す努力をした時期があったのか、といった問題を考えることが、今後の縄文時代の研究ではひとつの重要なテーマになってくると思います。

現代につながる縄文文化

さて、最後に「北海道・北東北の縄文遺跡群」がなぜ重要なのかということについてお話ししたいと思います。私がこの地域で特に大事だと思うのは、今でも山の幸、海の幸の利用についての実践があって、それに関する以前の記録も残っていること、そして食べ物と生業の多様性や食べ物の保存技術もあって、災害時のバックアッププランも充実していること、いわゆる在来知や伝統知が充実していることです。

私は考古学者ですが、民族調査もしています。図9は、岩手県宮古市川内（旧川井村）に行ったときに、地元の方が作ってくれた夕飯です。伝統的な料理をたくさん作っていただいて、いろいろなお話をうかがいました。最初、私は焼畑の話を聞きに行ったのですが、お話を聞いているうちに、焼畑の話を理解するためには、まず周辺の自然のサイクルがどうなっているかを学ぶ必要がある、ということがわかってきました。特にこの地域は、閉伊川上流の山がちなところで、昭和三〇年代までは米をあまり作っていなかったというお話です。戦前は、雑穀を作るのも、本畑で作って、足りない分は焼畑で作って、焼畑でも足りないときに備えて、ミズナラなどのドングリを屋根裏に置いておくのがとても大事

図9　岩手県宮古市川内での夕飯

図10　凍み芋づくり

だったとうかがいました。そのおかげで、一九三四年の凶荒のときにも困らなかったそうです。

もう一つ、図10は旧川井村の鈴久名というところですが、この写真では凍み芋を作っています。凍み芋とは、夏にとれたジャガイモを真冬に屋外に出して凍らせて、皮を除いたあと川の流水にさらし、さらに屋外で凍結・乾燥させた保存食で、そういった技術が今でも伝えられています。ここでは、郷土の食べ物を作っている人たちが産地直売所に積極的に関わって、自分たちの産直をいかに楽しくしていくか、人に来てもらえるようにするかということを一生懸命考えています。

宮古市での聞き取りでは、一見無駄に見えるけれども実は困ったときの備えになる、バックアップのプランが非常に重要であることがわかりました。食べ物に困らないためには、食べ物の多様性、それから食べ物を獲得するための生業戦略、そして食べ物の保存がすべて重要です。こういった在来知が今も生きていて、道具や習慣の中に反映されて、お祭りのときの料理などに受け継がれています。

海外の世界遺産でも、多様性、在来知、伝統知が重要なキーワードになっています。たとえばアメリカでは、「メサ・ヴェルデ国立公園」「チャコ文化」「プエブロ・デ・タオス」「カホキア墳丘群州立史跡」「ポヴァティ・ポイントの記念碑的土塁群」など、たくさんの先住民族の遺跡が世界遺産に登録されていますが、その背景として、文化における多様性を重視してアメリカ先住民族の知恵や知識を見直す、という動きがだんだんと主流になりつつあることがあげられます（図11）。

世界と世界遺産の動きを考えてみると、一九七〇年代までは経済成長を優先する考え方が主流でしたが、その後、持続可能モデルへの移行が必要だという新しい流れが起きて、それが世界各地で広まってきています。特にユネスコはそういった動きに一番敏感なところですから、世界遺産もその流れの中で理解するべきです。

そのような視点から考えたとき、「北海道・北東北の縄文遺跡群」は、過去の縄文文化の証拠であるのはもちろんのことですが、それは過去のことだけではなく、その伝統の一部は現代につながっています。漆の文化についても縄文時代から受け継がれている文化の伝統ですし、食べ物や工芸についての現代へのつながりもたくさんあります。そういったものが、人間と環境との相互関係の持続可能性を考えるうえで非常に重要であり、それが登録基準の（v）「伝統的集落、人類と環境の交流」にもつながっていくのではないかと思います。

図11　アメリカ先住民族のドングリ加工に学ぶ　ドングリの
実をすりつぶし、アクを抜き、加工して、デンプンを取り出す。
（2016年1月、カリフォルニア州ヴィセイリアにて）

参考文献

小山修三　一九八四『縄文時代――コンピュータ考古学による復元』中央公論社
羽生淳子・伊藤由美子・安達香織編　二〇一六『合子沢松森（4）遺跡――二〇〇八・二〇〇九・二〇一〇年度発掘調査報告書』総合地球環境学研究所
羽生淳子・佐々木剛・福永真弓編　二〇一八『やま・かわ・うみの知をつなぐ――東北における在来知と環境教育の現在』東海大学出版部
文化庁文化財記念物課　二〇一五『埋蔵文化財関係統計資料（平成二十六年度）』
Binford, L. R. 1980 Willow smoke and dogs' tails. American Antiquity 45: 4-20.

東北アジアから見た縄文文化

大貫静夫（國學院大學文学研究科客員教授）

比較から縄文文化を見る

これから縄文文化のお話をするのですが、私たちが縄文文化と聞いてイメージするのは、遮光器土偶や火焔土器のように東日本で発掘されたもので、こうした遺物は西日本では出土しません。縄文文化が一番栄えたのは東日本なんですね。これからするお話は、東日本の縄文文化とほかの国や民族の文化と比較していきたいと考えています。

二八ページに御所野の紅葉の写真がありますが、日本列島の紅葉は緑の中に真紅、朱、黄とさまざまな紅葉が混じりたいへん美しいですね。みなさんはこのような風景を当たり前のように見ているかもしれませんが、これがほかのどこの国や地域でも見られるかと言えばそうではありません。このような景観の中で縄文文化が発達していったことをご理解いただきたいと思います。

さて、縄文文化は東日本で発達していると申し上げました。三内丸山遺跡では竪穴住居跡が五〇〇軒以上見つかっています。しかし、考古学者にとって困るのは、同時に何軒の住居があったかがわからない点です。長い期間に建て替えを重ねてこのような数になっていますが、一時期に何軒あったかがわからない。それでも竪穴住居の数が多かったことは間違いありません。土器もたくさん出土しております。

大湯環状列石のような大規模な環状列石も、世界中どこでも見られるものではありません。そして御所野遺跡ですが、コンパクトな遺跡ですが、縄文時代の集落を理解するうえで非常によい遺跡です。周囲の景観がよく残っていて、縄文時代にタイムスリップしたかのように思えます。現在、復元住居が三か所に一〇軒ほどあり、配石遺構があり、墓地がありと、縄文集落の構成要素がセットで見つかっているたいへん素晴らしい遺跡だと思います。

しかし、これら縄文遺跡がどれだけ素晴らしいと言っても、実はほかの地域と比較してみないとわからないですね。

比較の二つの視点――遊動・定着・定住と豊かさ

それで、比較するとはどういうことかといいますと、二つあります。

東日本の縄文人は狩猟採集民であるということがまず一つです。昔は豊かな農民、貧しい狩猟採集民といわれて、だから農業を始めたんだと考えられてきました。ところが、民族学や考古学の中で、豊かな狩猟採集民という考え方が出てきました。その考古学的代表が東日本の縄文文化です。

豊かな狩猟採集民というのはどういう人たちだったかというと、「定着」的な暮らしをしています。普通みなさんが住んでいる形は「定住」といいます。一か所に家があってそこで生活していることです。一方、対極にあるのが「遊動」です。グルグルと場所を移しながら生活しています。この二つの中間に「定着」という形があって、一か所に一年中住んでいるわけではないのですが、主にそこに住んでいるという考え方です。

縄文時代の人が一年中一か所に住んでいたのか、基本的には一か所に住んでいるのだけれども季節によってほかの場所に行っていたのかを証明するのはなかなか難しいところで、なおかつ狩りをする人は出て行って、老人や子どもは家にいたのか、もしかしたら一緒について行ったかもしれないなどというように具体的な状況になるとわかりません。ですので、基本的に一か所に住んでいるということで「定着」という言葉を使います。

もう一つの視点は「豊かさ」ということです。みなさんにとって豊かさとはなんでしょうか、と聞かれても困りますね。「豊かさ」といってもいろいろな要素があります。ここでは食べ物が豊富で、食べ物探しの時間以外にも余暇がたくさんあって、いろいろな活動ができる暮らし、それを「豊かさ」と考えることにします。もう一つ豊かさの指標として、大きな集落、高い人口密度などを考えます。この二つも考古学ではなかなかわかりません。余暇が多いこと、あるいは集落が大きいということは、先ほどの三内丸山遺跡のように一時期の姿はわかりません。高い人口密度も非常に難しい問題です。

さて、こうした視点で比較する素材として、一つは民族誌を用います。かつて一七世紀から一八世紀には、世界各地にまだ狩猟採集民が存在していました。その狩猟採集民の記録が民族誌という形で残っていますので、一七、一八世紀の狩猟採集民と比較して縄文文化とはどの程度のものだったのかを見ていくのが一つ目です。もう一つは非日常的な祭祀や墓葬関係遺構の発達、装飾品、祭祀・儀礼用品の発達などが、ほかの国や地域でも発掘してわかっています。考古学的な文化の比較で、縄文文化とはどのような文化だったかを理解していきます。

この二つの方法をとります。ただし、縄文時代は一万年以上続きますし、広い範囲に遺跡があります。このすべてが安定的で豊かな生活をしていたかというと、そんなことはないわけで、繁栄と衰退を繰り返していきます。その中で一番繁栄していたころで比較をしていこうと思います。

太平洋の東と西の比較

ということで、いきなり北米大陸まで行ってしまいますが(図1)、北太平洋の沿岸の東、北米大陸の南側がカリフォルニア、北のほうは今のカナダですね。一方、西のほうは、日本列島の周辺を一つの丸で囲ってあります。この丸は同じような食料を食べて暮らしている人たちです。

北米のカリフォルニアには先住民族がたくさん住んでいて、主にドングリを食べて暮らしていました。太平洋の西側でこの丸に対応するのが、新石器時代(磨製石器が普及し土器が作られる時代)の日本列島周辺ということになります。さらに北に行くと、サケを食べるカナダの人たち、西では同じくカムチャツカの人たち。南に行くと、西では農耕して穀物食

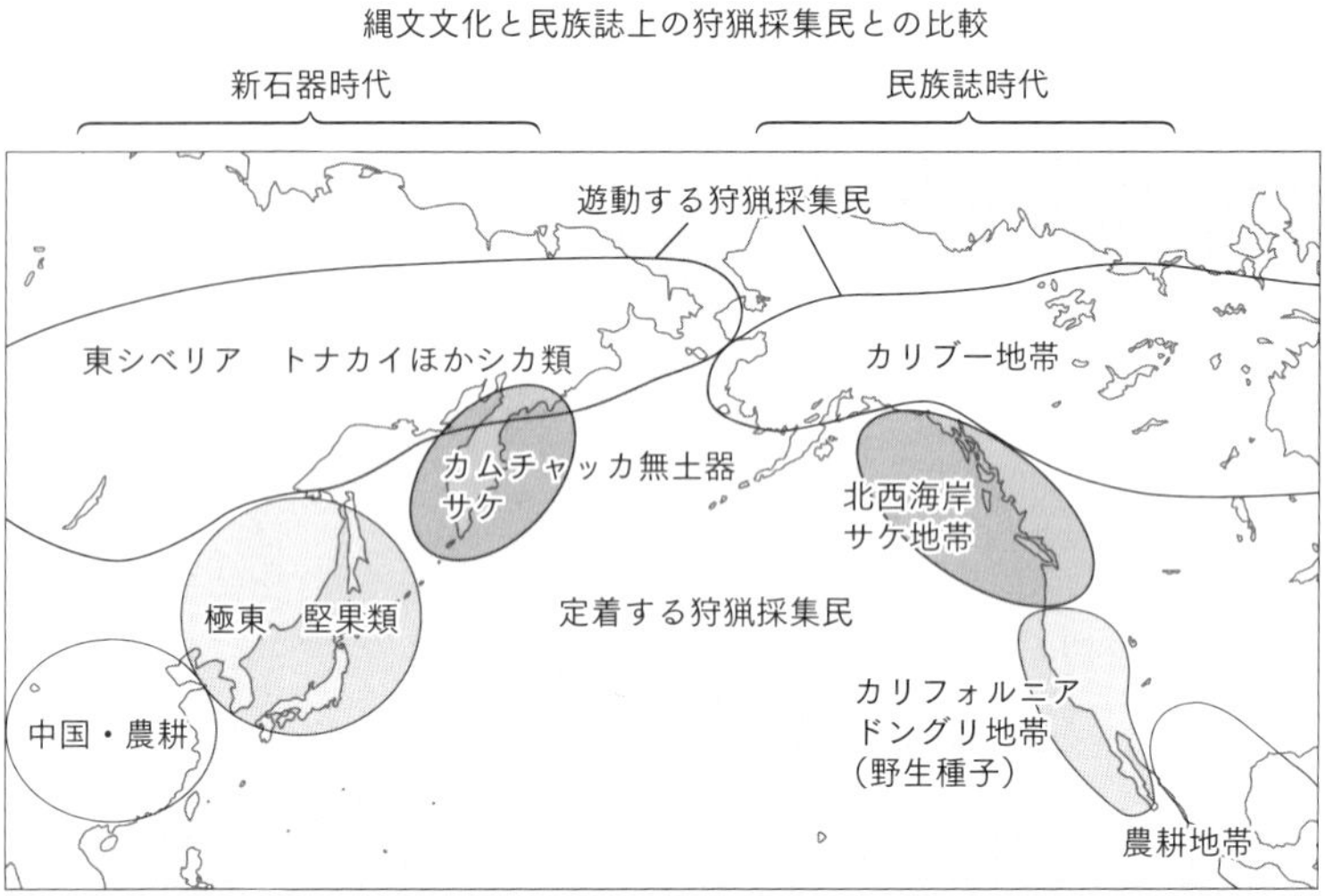

図1　北太平洋両岸の豊かな定着的狩猟採集民（大貫2010より作成）

べる中国の人たち、東ではメキシコの人たちと、太平洋をはさんで同じようにつながっています。

なぜ、このようになるかというと生態的な問題がありまして、サケはあまり南に下ってきません。そうした生態系の問題で食料事情も変わってきます。その生態系に合わせたものを食べているので地域性が出てくるわけです。

さらに詳しく見ていきますと、先に日本列島でも東日本と西日本は違うと言いましたが、かつて考古学者の山内清男さんが西日本の縄文人は主に堅果類を食べ、東日本は堅果類とサケ・マスを食べるということで、東と西は違うと言いました。ちょうどそれと同じように、カリフォル

左／主食のドングリを粉にするためにカリフォルニア先住民族が用いた石製の道具。
上／カリフォルニア先住民族は土器を作らず、籠がその代わりであった。

図2　カリフォルニア先住民族のドングリ加工具

ニアのドングリ地帯でも北半分ではサケが遡上してくるんです。なのでカリフォルニアの北半分は堅果類とサケ・マスと東日本と同じ食料事情なんです。そしてカリフォルニアの南ではサケ・マスは上がってきません。西日本と同じです。だいたい同じように対応しています。

カリフォルニアとその北の北西海岸、この二つの地域の人たちの暮らしというのは、狩猟採集民としてはすごく豊かな暮らしをしていたことで有名です。カリフォルニアにはオークの木がいっぱい植わっています。かなり大きなドングリがなります。ただドングリはタンニンを含むので水にさらさなくてはいけません。で、すりつぶして粉にします。そして最後に、縄文文化と異なるのは土器ではなくて、籠に入れて煮沸するんです。こういう形でドングリを食べています（図2）。

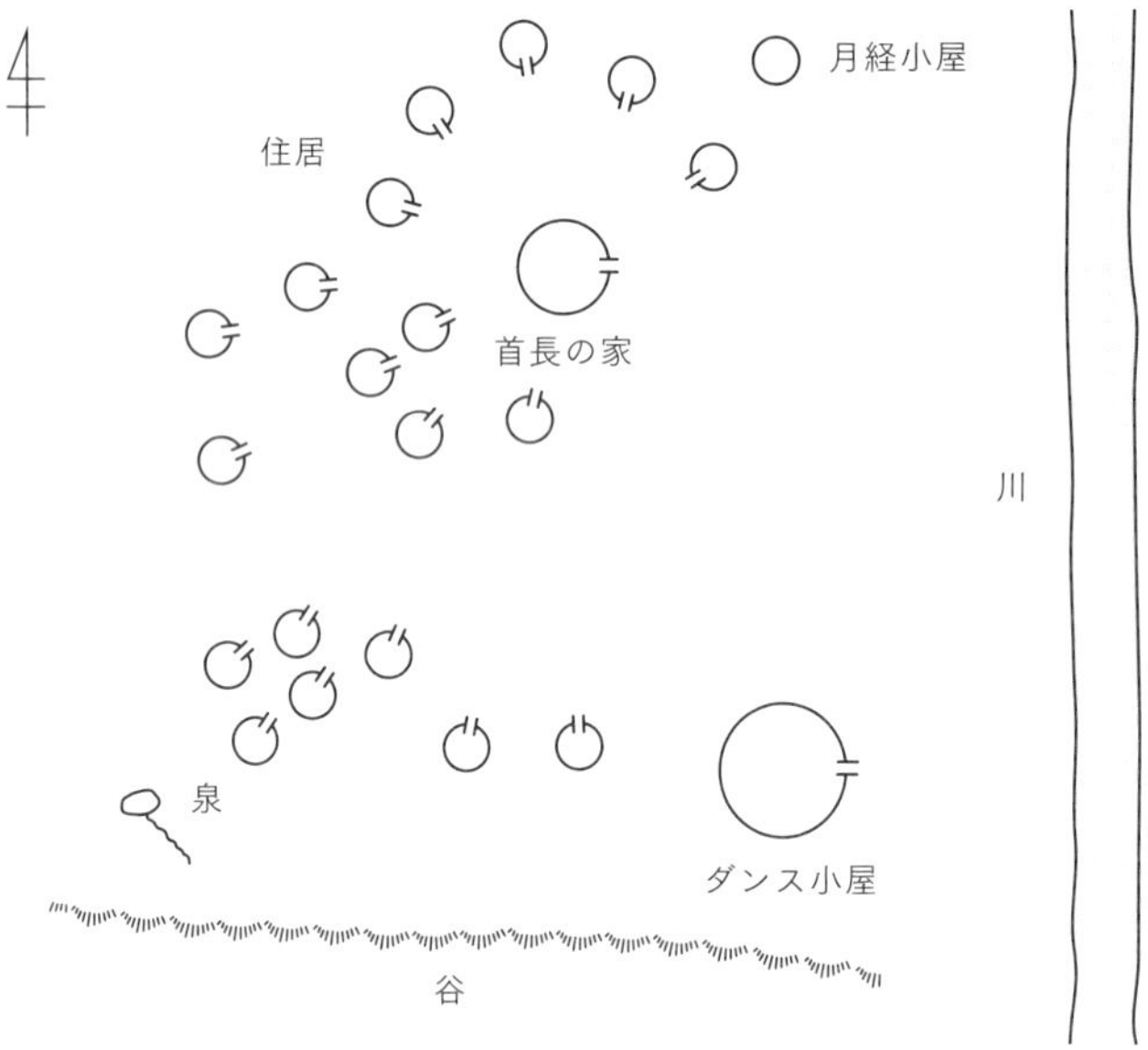

集落の例（Goldschmidt 1951 より作成）

集会用の円形大型建物

図3　カリフォルニア先住民族の集落

図3はカリフォルニアの集落図ですが、真ん中に大きな首長の家（竪穴建物）があります。もう一つ大きな建物があって、「ダンス小屋」といいますが、公共の場です。一年の多くを過ごす冬の家で、かなり大きな集落をつくっていました。

この北側の北西海岸にサケを主食とする人々が住んでいました。ここの人たちはトーテムポールを建てて、大きな家の中に多数で住むという集落を形成します。ただしこの村も季節によって集まって、夏になるとみんな散っていきます。このあたりが単純に定住といえないところです。

さて、この北西海岸とカリフォルニアは、北西海岸はサケだけ主食のところで、カリフォルニアはドングリとサケ・マスを主食にしているところです。両地域とも人口密度は狩猟採集民としては非常に高いのですが、社会の複雑化については北西海岸のほうが進んでいます。

なぜならば、北西海岸は食料の確保に関して時間と場所が限定されているからです。サケ地帯の森は針葉樹林帯で野生食料に乏しく、サケをとるにしても、場所が限られますし、期間も限られます。しかもその時に集中してとらないと一年分の食料が確保できませんから、計画的な食料獲得が必要になります。そのため北西海岸では社会組織が複雑化します。民族誌には貴族、平民、奴隷がいたと書かれています。

他方、カリフォルニアの森は落葉広葉樹林帯で野生食料が豊かなので、そんなに複雑な社会組織はいらなく、社会組織が未分化です。一時、縄文文化を北西海岸になぞらえて日本にも奴隷がいたのではないか、という説が出されましたが、縄文文化はドングリ帯のほうでありまして、カリフォルニアに近いと考えられます。

太平洋西岸の中で見た縄文文化

今度は太平洋西岸、日本列島のまわりで比較してみましょう。まず日本列島はどのような位置にあるのかということを気候図で見てみたいと思います。

図4上を見ると、日本列島は中国の長江以南の稲作地帯と似ているということになっています。ところが、図4下の植生図を見ると、日本は落葉広葉樹林帯なんです。冒頭に言った、紅葉が見られるということです。紅葉が見られるということは、落葉広葉樹なので、堅果類が豊富にあります。

このような落葉広葉樹林ですが、北に行くと様子がだんだん変わってきます。大陸の沿海州のあたりも紅葉はしていますが、ほとんどナラ林なので色が単一です。さらにアムール川を北上しますと、まだらに緑が混じってきます。これは針葉樹林が混じるからです。

気候図

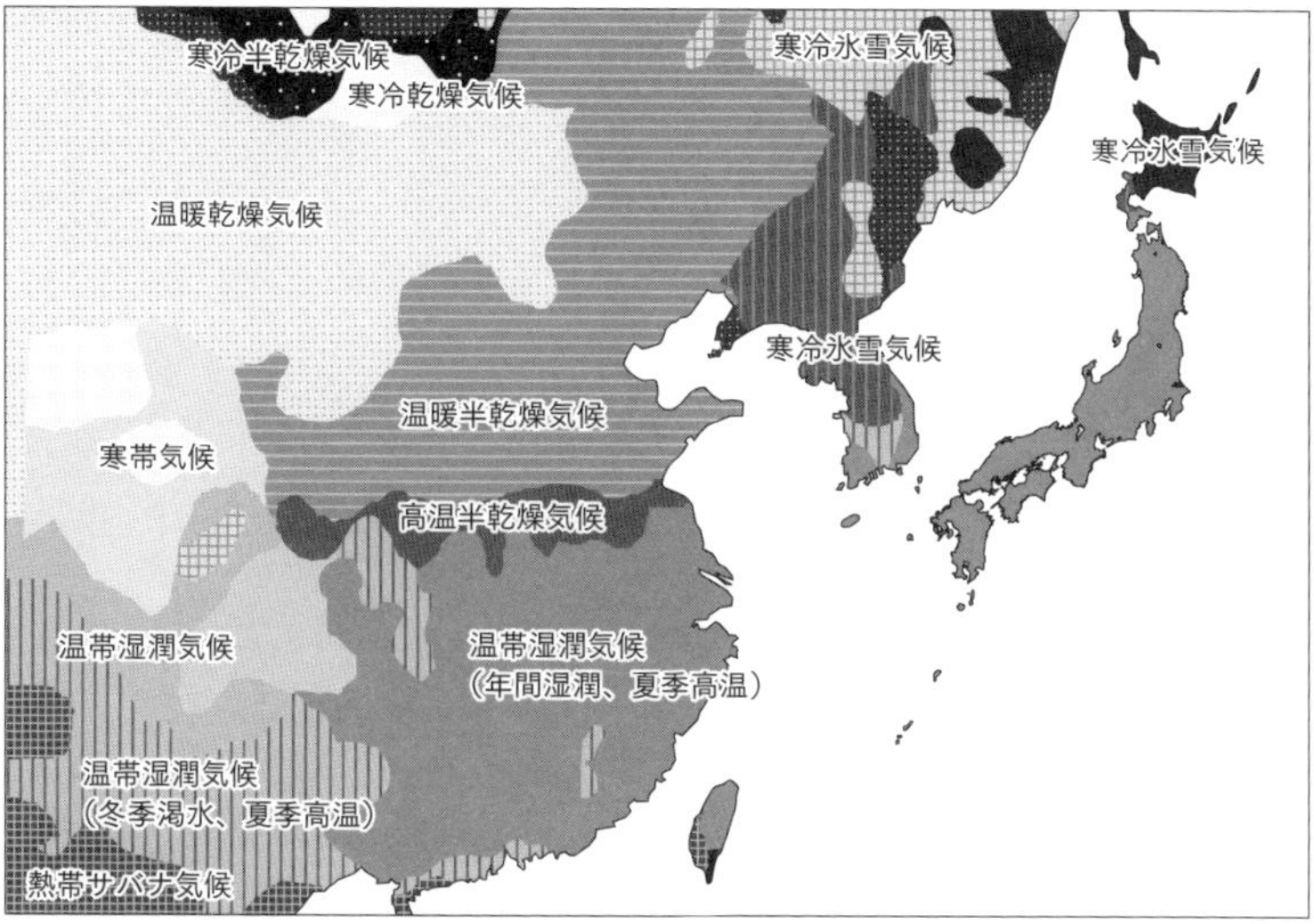

植生図

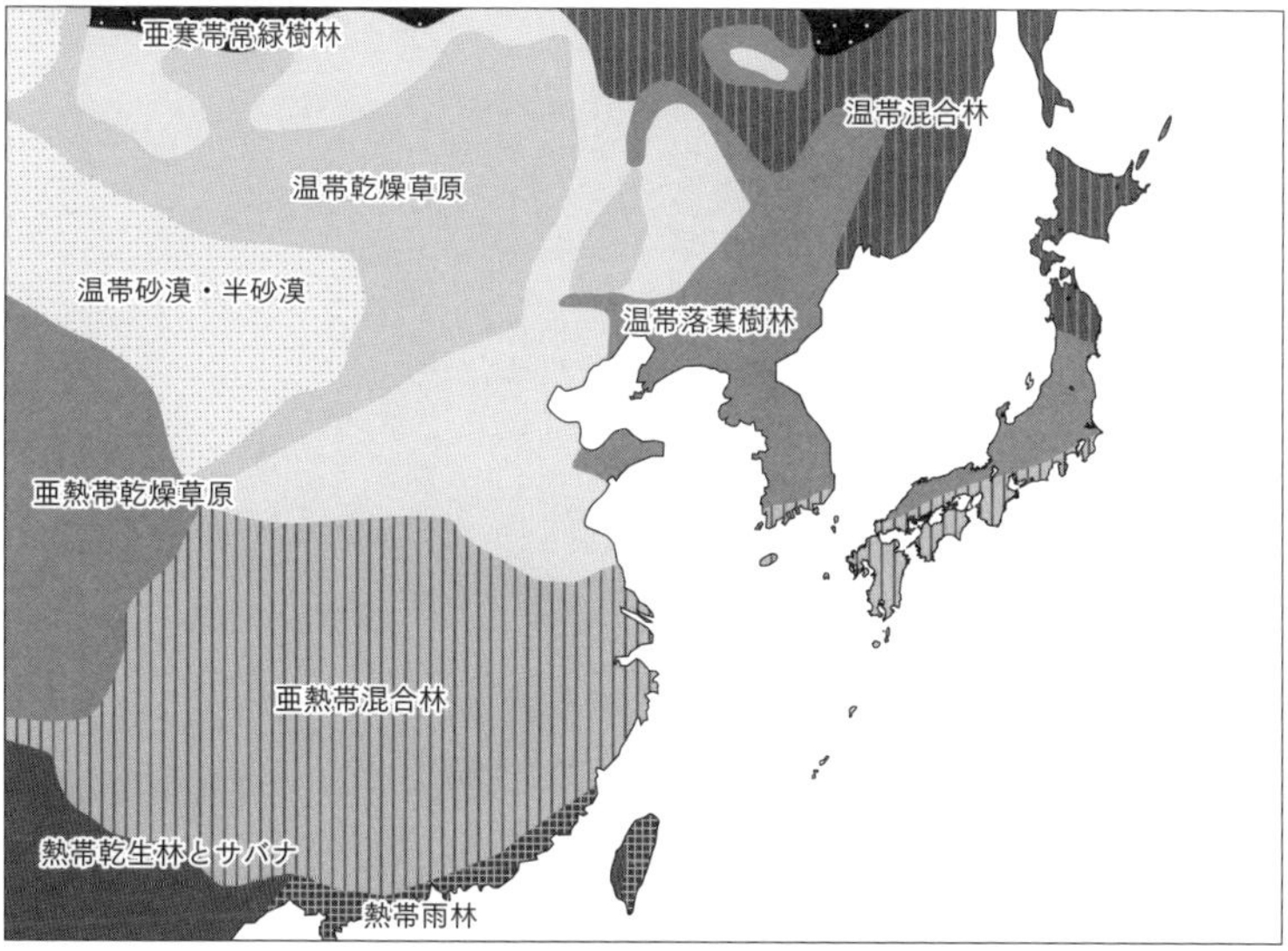

図4　東アジアの気候と植生

さらにアムール川の河口になるともうほとんど針葉樹林です。

考古学的に見ても落葉広葉樹林帯に住む人々には共通した特徴があって、針葉樹林帯のほうにはなかなか行かないんです。食べ物は少ないし、動物もだいぶ変わってしまいます。こうした自然環境の違いが先史文化の地域性に大きく関係してくるんです。なので日本列島のまわりの自然環境について知っていただきたいと思います。

さらに、日本列島のまわりの大陸の自然環境について、もう少し見ていきましょう。西のほうへ行くと、今度はモンゴルが近づいてきます。モンゴルといえば遊牧民の世界です。シラムレン川というところがあって、長城があります。

万里の長城というのは農民と遊牧民が交渉した境目に築いたバリアーですね。みなさんが思い浮かべる万里の長城は北京のすぐ北にあるものだと思います。これは新しいもので、それより古い、今から二〇〇〇年前の秦漢の長城がさらに北にあります。この秦漢の長城の南側は現在でもまだ木が生えていて畑がありますが、北側に越えると羊がいるという状態です。このあたりが畑作と遊牧民の現在の境目なんです。

ところがこの地域の新石器時代の遺跡によれば、かつてこのあたりは広葉樹林帯で狩猟採集民が住んでいたのです（図5）。ここからさらに北へ行きますと、もう大草原の中です。ここはもう遊牧民でないと住めないところです。ドングリもない、シカもイノシシもいな

図5　内蒙古の風景　内蒙古シラムレン川
流域の遺跡。かつては木が生い茂っていた。

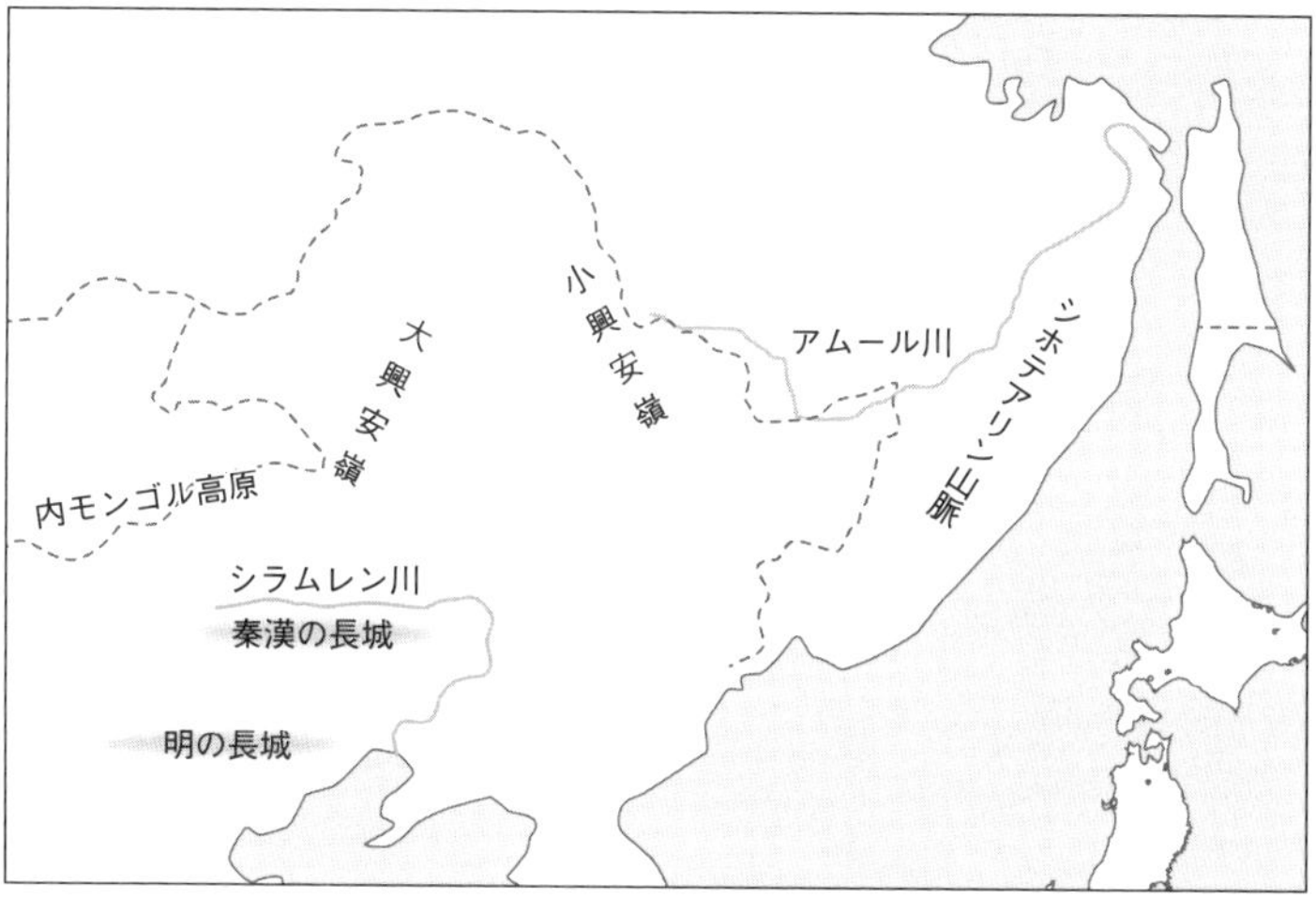

い、まったく違う世界です。

さらに北はシベリアの針葉樹林帯（タイガ）でありまして、ここもまったく別世界です。このシベリア・タイガの人たち「エベンキ」の伝統的な暮らし方では、簡単なテントを建てます。適当な木を三本切り出してきて、組み合わせてシートをかければすぐテントができてしまうんです。こういう家に暮らすからこそ、頻繁に移動することができたわけです。移動する際は骨組みを残して次の場所に移動します。これが遊動する狩猟採集民の家です。この人たちは数家族で決まっている領域の中をぐるぐるまわって暮らしています。これが針葉樹林の中を遊動する狩猟採集民の生活です。

もう少し南に行くと動きが少なくなってきます。振り子のように夏になると山の下から山の上へと移動するという暮らし方をする人たちです。この人たちもまたテントに住んでいて、夏になるとばらけて、冬になると集まるんです。場所によって人の住まい方は変わってくるんです。

ここから東に行くとアムール川があります。ここに来ると竪穴住居に暮らす人たちがいます。ここのメインの食料は何かといいますと、アムール川を遡上してくるサケ・マスです。サケ・マスを捕って加工して保存するわけです。このあたりの伝統的な住居はテントではなく竪穴住居です。竪穴住居に住んでいたのは東アジアの中では日本のまわりだけなんです。シベリアは先ほどのテントのように遊動するんですが、中国では農業を始めるのが早かったのとそんなに寒くない地域なので、平地や高床の住居で一か所に定住します。竪穴住居の人たちは夏になると暮らしにくいので、草で仮小屋を作ってそこに住むんですね。竪穴住居は発掘すれば出てきますが、仮小屋はまず出てきませんので、このあたりが定住、定着の証拠を考古学的に見つけることが難しいところです。

どのくらいの人が住んでいたのか

このような竪穴住居は、民族誌が書かれた当時はすでにほとんどなくなっていましたが、狩猟採集民の集落が一八世紀ごろのアムール川流域にどのくらいあったかというのがわかります。というのは、中国の清朝がアムール川流域から毛皮を調達しており、調達するための集落の台帳があるんです。狩猟採集民といってもかなり新しい時代ですが、ある程度の村は作っていました。

このように民族誌上である程度、どのくらいの人がいたかわかる例があります。この民族誌上の人口密度を探して、一〇〇平方キロに何人いたかで比べてみますと、先ほどの遊動的なテントで暮らす狩猟採集民が〇・四人、スカスカです。北海道アイヌなど定着的な暮らし方をする狩猟採集民がだいたい二ケタ前後です。しかし、先ほどの北西海岸、カリフォルニアの人口密度はすごく高いです。北西海岸の高いところでは二〇〇人、カリフォルニアでもサケとドングリ地域では四〇〇人くらいで、ほかの地域の定住・定着する狩猟採集民と比べてとても高いです。

そうしてみると縄文時代の人口密度はどのくらいあったのか。これを明らかにするのはたいへん難しいことです。そこで、ここでは西関東の例を紹介しましょう。西関東は戦後の開発の影響で発掘調査が最も進んでいる地域です。そのためある程度、どのように集落が分布しているかというのがわかります。中央大学の小林謙一さんが東京都の大橋遺跡で調査した際、同時代にあった住居の数を厳しく計測したところ最大で一六軒あり、一軒に五人住んでいると仮定すると、ムラで約八〇人住んでいたことになります。

このような集落が西関東にどのくらい分布していたのか、それを今度は國學院大學の谷口康浩さんが計算しまして、だいたい一つのムラの領域が五〇平方キロくらいあってその中に一つのムラがあるということで、一〇〇平方キロにすると約一六〇人となります。この数は先ほど見た竪穴住居で暮らす定住・定着民の中でもかなり高いと考えることができます。一七、一八世紀のカリフォルニアや北西海岸とならぶくらいの数字です。ただし、縄文時代の中でも住居の見つかる数というのは地域と時代によって違います。おそらくこの数値は縄文時代でも最高の数値に近いのではないかと思います。それでも縄文文化は狩猟採集民の中でもかなりの人口密度があったことをうかがわせます。

東アジアから見た縄文文化

ここまでは民族誌と縄文文化の比較でしたが、次は東北アジアの新石器文化と縄文文化がどう違うのかをお話ししたいと思います。

狩猟採集民は野生の食料資源をどのように活用するかによって暮らし方が違ってきます。そこで、遺跡から出土した堅果類をまとめてみました（図6）。南のほうはドングリが主体なんですね。北のほうへ行くとクルミが増えてきます。ドングリは比較的どこにもありますが、クルミは暖かいところにはありません。なので、日本でも東日本のほうにクルミは多いです。そして、東日本と西日本を比べてみても、だいたい東日本のほうに堅果類の出土例が多いです。たぶん、それだけ利用していたということでしょう。種類を見るとクリやトチなどが出ていますが、大陸ではほとんど出てきません。トチは日本独特のものですし、クリは大陸には生えていましたが、食べていた痕跡がほどんどありません。日本ではたくさん食べています。ということは、東日本がいかに豊かだったかがわかります。

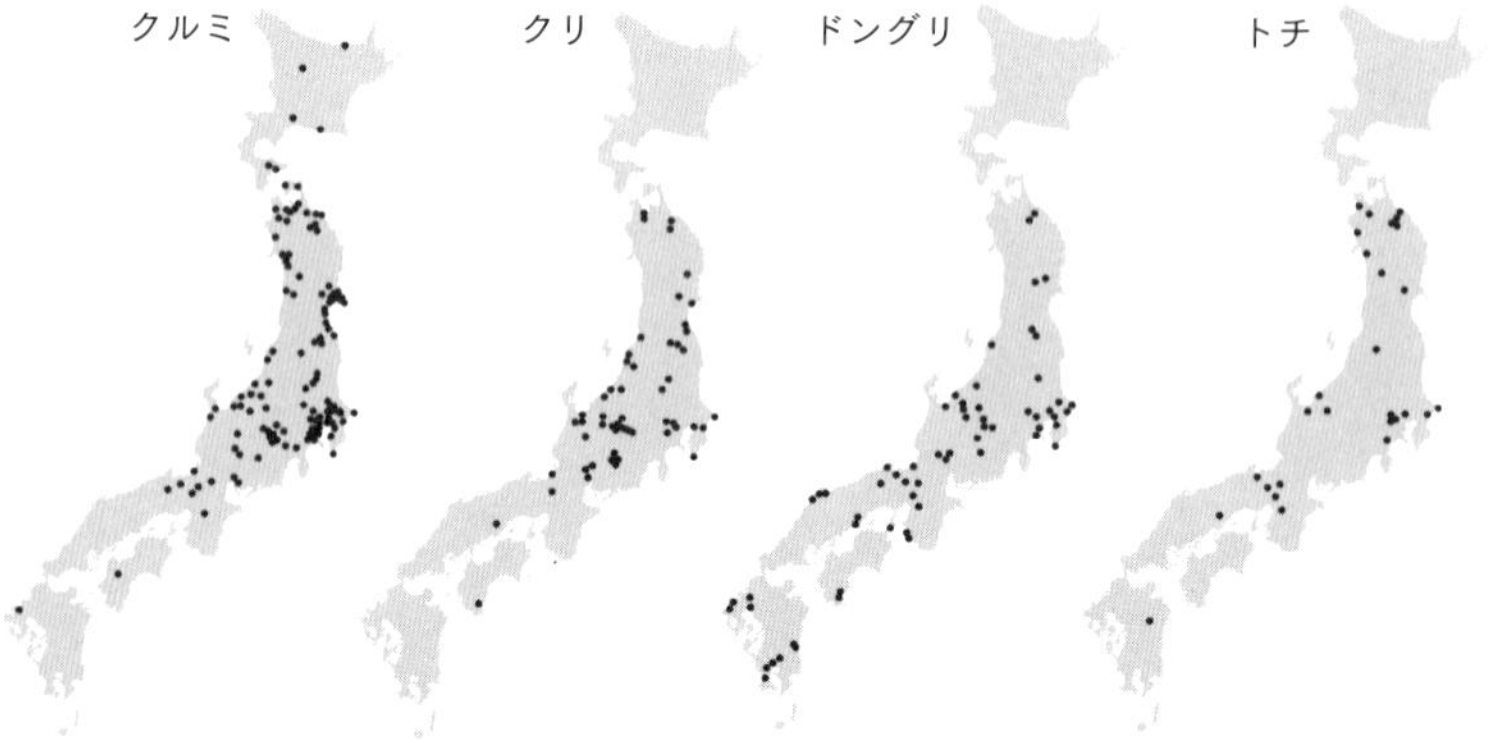

図6　東アジアにおける出土堅果類から見た地域性
（上図：大貫・佐藤編2005より、下図：渡辺1975より一部改変）

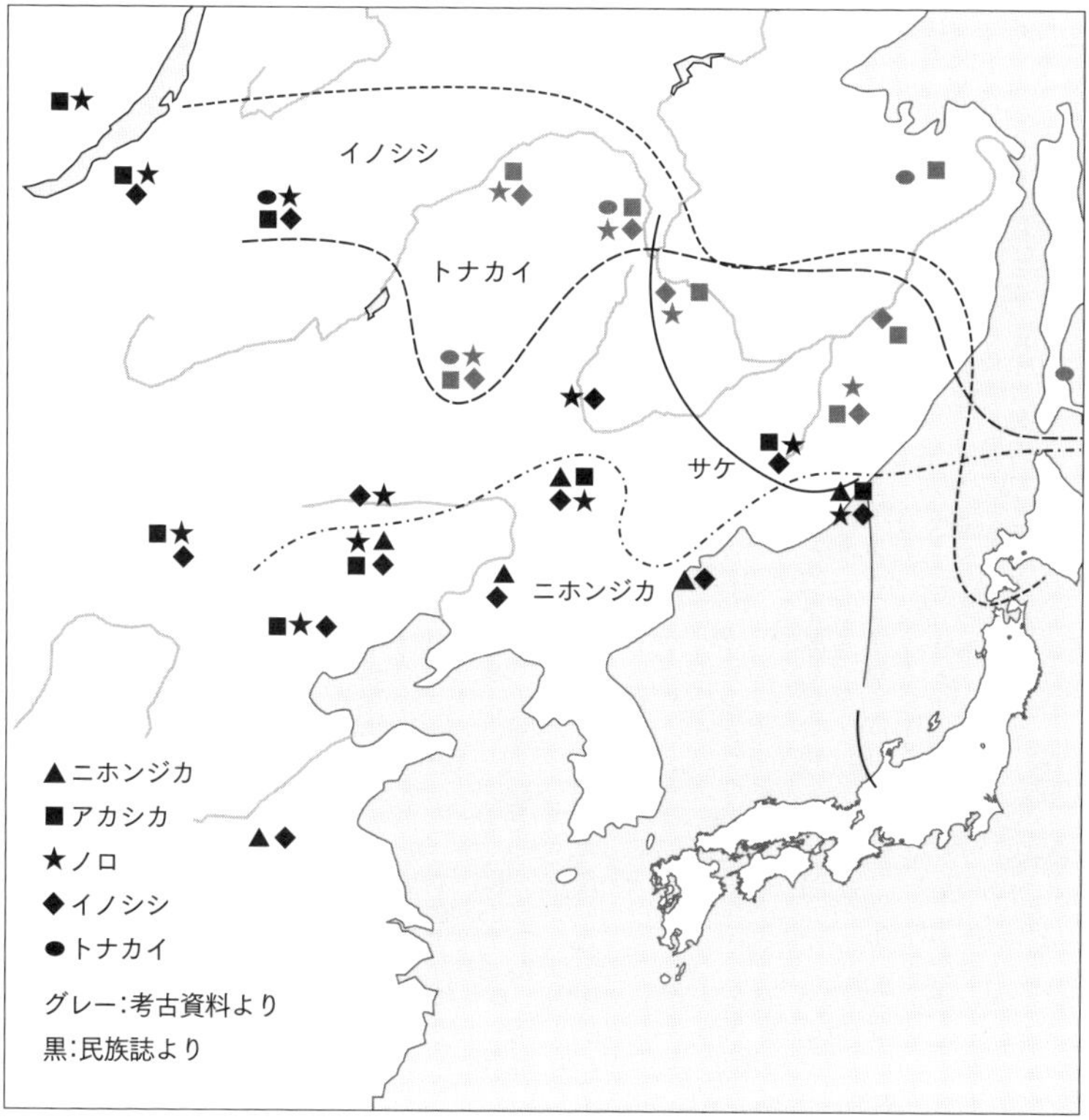

図7　東アジアにおける動物の南限と北限
（大貫・佐藤編2005より作成）

ほかの食料資源がどう広がっていたのかも見ていきましょう。図7で灰色で示したのは実際に遺跡から出土したもので、食料にされていたものだろうという分布です。黒で示したのは遺跡から出てきていないので、一七、一八世紀の民族誌から狩猟採集民がどんなものを食べていたかを示したものです。

これを見ると、当たり前のことですが、寒いところにはあまり食料がないです。草原のほうに行ってもそうです。また針葉樹林では種類や数量も減ってきます。当然ながら、その中に住むシカ・イノシシも減ってきます。したがって南のほうが食料資源に恵まれています。サケは南から北まで分布しています。堅果類も南のほうが恵まれていますが、東日本も種類が多いんですね。こういった恵まれた野生資源を背景にして、縄文文化が発達していったと思われます。

そういった縄文文化がどのように出てくるかというと、氷河期が終わって暖かくなってくると、日本海沿岸地域に落葉広葉樹林が繁殖します。今私たちが見ているような景観ができるわけですが、そうなってくると日本列島のまわりには堅果類を食べて、竪穴住居に住む人たちがあらわれます。縄文文化がそうです。シベリアのほうは針葉樹林帯のまま景観もあまり変わらず、テントのまま遊動的な生活を送っています。一方、あまり南に行ってしまうと、東南アジアのほうはすぐに定住生活にはいきません。中国では東アジアでは早くに農業が始まりますので、定住生活が一番早く始まります。

このような形で東アジアに新石器文化が始まります。東南アジア、中国、極東、シベリアといった東アジアの地域性というものはすでにこのころからつくられていると思います。日本列島の縄文文化の対岸には極東平底土器系の諸文化があります（図8）。その南には中国の丸底文化がありますが、双方はまったく違います。中国の丸底土器は日本でいえば弥生土器ですね。極東平底土器は日本の縄文土器、なかでも円筒土器によく似ています。この極東の文化は西、東、北のだいたい三つの文化に分かれています。食料資源に恵まれているのはだいたい西のほうですね。

縄文時代前期から中期に、極東でいろいろな文化が出てきますが（図9）、紅山文化という文化は南の農業系と北の狩猟採集系が融合した社会です。これがすごく発達した社会だったので、その発達を支えたのは農業とされてきたのですが、最近、狩猟採集経済の寄与も大きかったのではないかと考えられるようになりました。

どういう文化だったかというと、石で作ったモニュメントで、日本列島でいえば大湯環状列石に近いものがあります。もう一つは「女神廟」といって、穴の中に女神の像がたくさん入っています。実物大のもの、さらに三倍のものなどかなり大きなものが入っています。牙があるイノシシの顎の部分も出土しています。しかし、残念なことにこれらの土製

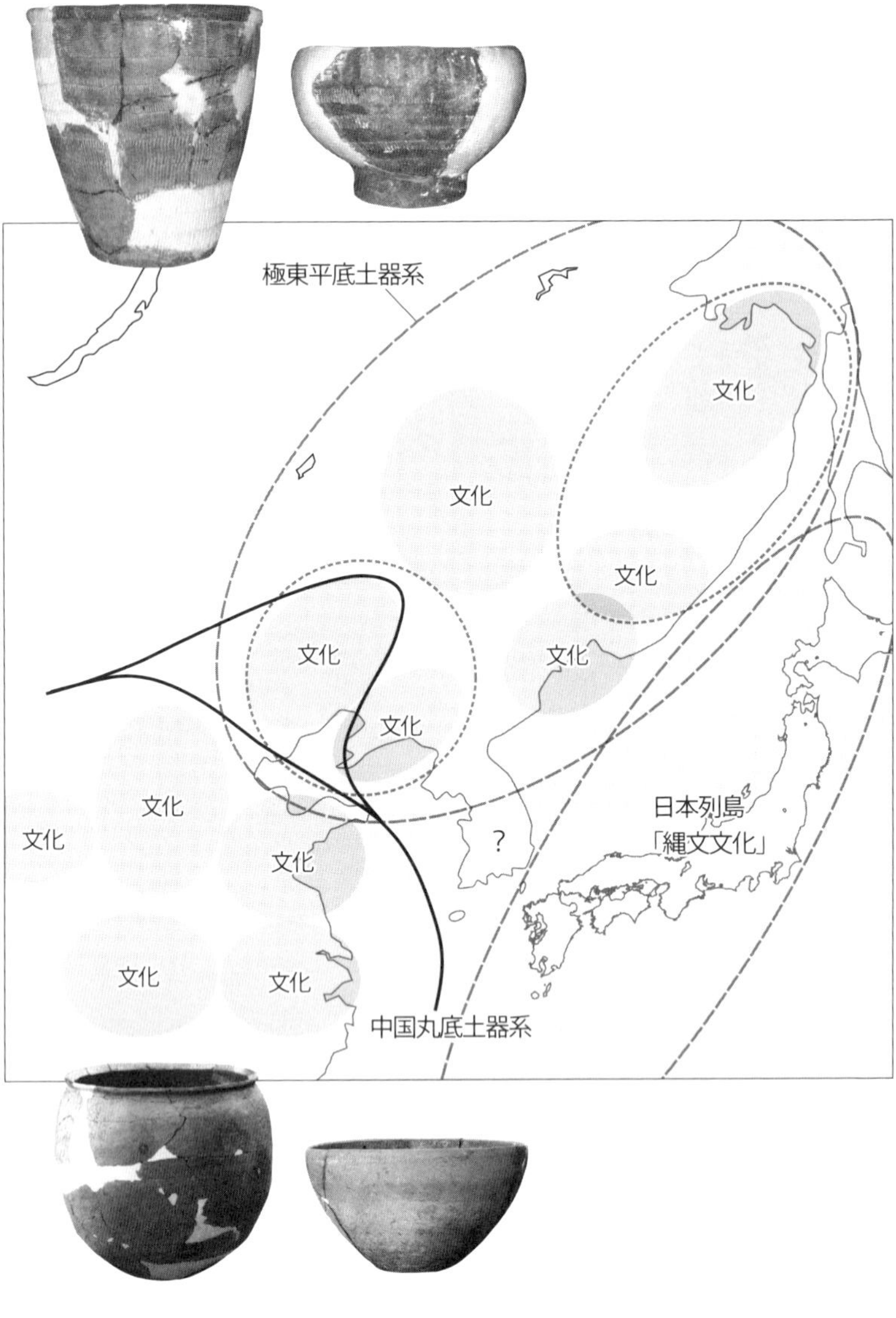

図8　極東平底土器系の文化と中国丸底土器系の文化

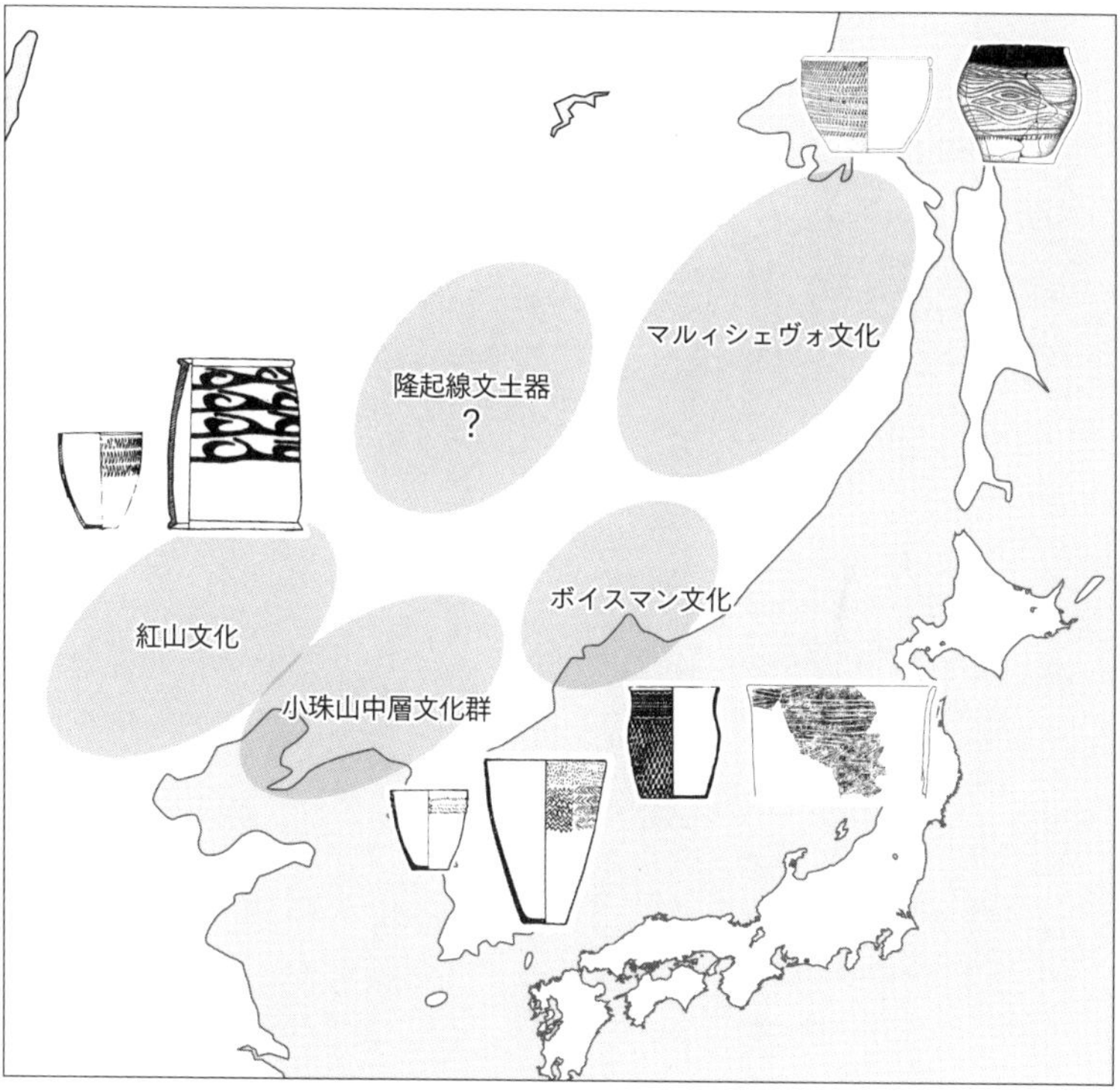

西部：初期農耕
北部・東部：食料採集社会

紅山文化は農業系文化と狩猟採集系文化の融合した社会。
紅山文化の繁栄を支えたのは農業とされてきたが、最近は
狩猟採集経済の寄与も重視されるようになってきている。

図9　極東平底土器中期段階の諸文化（6500～5000年前）
（大貫2010より作成）

品は焼成しているのではなく、ただ粘土を乾かしているだけなので取り上げようとすると壊れてしまうので発掘されていません。

あとは積み石でつくったお墓です。さらには円筒埴輪みたいなものもつくられています。墓の中には豪華な玉製の副葬品があり、墓自体も巨大なもので、当時の社会が階層化した社会だったことがうかがえます。

さて、こうした文化が農業によるものなのか、狩猟採集によるものなのかということですが、この時期のものは農業によるものだといわれていますが、狩猟採集経済の貢献もあったと思われます。この地域で、もう少し古い段階の集落が見つかりました。環濠の中に竪穴住居が整然とならんでいます。この文化の竪穴住居の中に石像があります。この文化の墓には立派な玉製の耳飾りが副葬されていたりします。この時期はそれほど農業をしているわけではなく、こうした文化を支えたのは狩猟採集経済であろうということになってきたんですね。

今度はアムール川下流域ですが、女性の土偶ですとか、動物をかたどった土製品、人面文様のついた土器などが出土してきています。この段階になると縄文に近いものです。ただ単に生きていくだけではなくて、儀礼とかマツリに使っていた道具が出ています。

土偶は日本のまわりにはまだあります。先ほどの石製の妊婦像もありますし、土製品でも妊婦像があります。中国北部地域、アムール川流域では女性の像なんです。日本の土偶と同じで狩猟採集社会に広がったものです。ですから日本の縄文文化というのは、同時代に環日本海に広がった竪穴住居に住む定着的な狩猟採集社会の一つであり、その中でも最も発達したものといえます。

発達した文化は、すべて農業のおかげだということがかつては考えられてきました。最近では狩猟採集社会でもかなり発達することができるんだという、一つのモデルとして東日本の縄文文化は考えられています。ただし、野生の食料というのはとりすぎたらおしまいですから、その点では限界があります。

農業というのは、野生の食料資源が少ないから増やそうとするものです。そのうちに農業技術が発展していって、逆転していきます。そして農業社会は繁栄を迎えていく。このような流れがあるんだろうと思います。しかし、今までのような貧しい狩猟採集民対豊かな農民という考えではなくて、豊かな狩猟採集民というのもありうるのだと、そしてその代表が東日本の縄文文化です。だからこそ、貴重な文化遺産として残していただきたいと思っております。

参考文献

大貫静夫　二〇一〇「縄文文化と東北アジア」『縄文時代の考古学1』同成社
大貫静夫・佐藤宏之編　二〇〇五『ロシア極東の民族考古学』六一書房
渡辺誠　一九七五『縄文時代の植物食』雄山閣出版
谷口康浩　一九九三「縄文時代集落の領域」『季刊考古学』四四、雄山閣
小林謙一　二〇一二『縄紋社会研究の新視点』六一書房
Goldschmidt, W. 1951 Nomlaki Ethnography. University of California Press.

御所野遺跡　文・菅野紀子

御所野遺跡は、岩手県の北部に位置する一戸町にある縄文時代中期（約4500～4000年前）のむらの跡です。遺跡は、八戸湾に向かって北流する馬淵川に注ぐ２つの支流（地切川と根反川）にはさまれた台地の上に立地しています。

縄文時代の御所野むらは、東西約500m、南北約120mの細長い台地のほぼ全面に広がっており、竪穴建物や墓、祈りやまつりの場などがつくられ、時期により内容を変えながら約500年間続いたと考えられています。

御所野遺跡全景（北西から）

土屋根建物の発見

遺跡に広がる草の下には、縄文時代の人々の家の跡である竪穴建物跡をはじめ、御所野むらで暮らしていた人々の生活の痕跡が、そのまま残されています。竪穴建物跡のなかには焼け落ちたものもありました。この焼けた建物跡の発掘調査によって、炭化した木材と焼けた土の重なり具合から、建物の屋根には土がのせられていたことが明らかになりました。土屋根建物の発見です。

焼失竪穴建物跡

土屋根建物の実験

焼けた建物跡から出土した炭化材を調べたところ、建物の材料はクリが多く使われていたことがわかりました。当時の建て方を想定して、土屋根建物を復元しました。土屋根建物の住み心地を調査するため、2年にわたって建物内の温度や湿度を計測した後、復元した土屋根建物を燃やす実験を行いました。実験の結果、焼けた建物跡は縄文時代の人々が何らかの意味を込めて、意図的に住居に火をつけて燃やした可能性が高いことがわかりました。

土屋根建物の復元

土屋根建物の焼失実験

配石遺構と墓

遺跡中央の北側は広く平らになっています。この場所には、約4000年前（縄文時代中期の終わり頃）につくられたと考えられるさまざまな形に並べられた組石（配石遺構）がいくつも残されており、全体が中央の広場を取り囲むような大きな輪のように広がっています。配石遺構の周辺からは、長さ１ｍほどの楕円形の穴がみつかっており、墓穴と考えられています。配石遺構は墓の目印なのかもしれません。

配石遺構

配石遺構の立石

掘立柱建物

配石遺構の外側には、４個や６個の柱穴で１つの建物を構成する掘立柱建物跡が見つかっており、同じように環状に広がっています。その配置から配石遺構に関連する施設と考えられています。現在、この掘立柱建物は高床式の建物として復元しています。

これらの南側には、配石遺構などが広がる面よりも1.4ｍほど高くなっている「盛土遺構」が弧状に広がっています。盛土遺構からは火が焚かれた跡や動物の焼けた骨が見つかっており、この場所は縄文時代の人々が特別なまつりなどを行った場所とも考えられています。

復元した掘立柱建物

土器づくり

御所野遺跡の南東斜面からは、粘土採掘坑と呼ばれる土器をつくるための主な材料となる粘土を採った跡が見つかっています。この場所には白色の粘土層があり、縄文時代の人々はこの粘土層を追いかけて横に掘り進めたようで、その跡はでこぼこした不規則な穴となっています。竪穴建物跡の中に白い粘土がそのまま残されていた例もあります。出土する土器は、縄文時代中期に東北地方北部から北海道南部にかけて広がった円筒上層式土器や、東北地方南部を中心に広がった大木式土器です。

円筒上層式土器

大木式土器

「羽根付き縄文人」に込めた祈り

御所野遺跡から人体のモチーフが描かれた縄文土器が出土しました。縄文時代の人々の祈りや信仰を支える遺物としては土偶が有名ですが、人体や顔面を装飾モチーフとした土器も同じような性格を持っていたと考えられています。御所野むらの人々も、頭に鳥の羽を差したような「羽根付き縄文人」を土器に描いて、自然への感謝などさまざまな祈りを込めたのでしょう。

羽根付き縄文人

縄文人もスズタケを利用していた?!

縄文土器の底には、編み物や植物の葉の圧痕が見られます。土器づくりの際、これらを敷物として使っていたのでしょう。御所野遺跡のある一戸町には「鳥越の竹細工」という伝統工芸があります。土器の底の敷物圧痕のくわしい観察結果や編み物の復元などから、土器の底に圧痕が残された編み物の素材は、鳥越の竹細工にも使われるスズタケである可能性が高いことが明らかになりました。

敷物圧痕が残る土器の底

復元した編み物と土器底からとったレプリカ

先史時代の暴力と戦争

松本直子（岡山大学大学院社会文化科学研究科教授）

ご紹介いただきまして、どうもありがとうございます。今日は、縄文時代の遺跡から出土した人骨資料について、報告されているものをできるだけ集めて、その中で暴力的に殺されている人、傷を受けている人がどのくらいいるかを調べた結果から何が言えるか、そして縄文研究から暴力や戦争をめぐる昨今のたいへん厳しい状況について何が言えるか、ということを少しお話しさせていただきたいと思います。

戦争と暴力の違い

まずはじめに、戦争と暴力の違いについてですけれども、いわゆる暴力一般と戦争というのは、分けて考えるのが大事だと私は考えています。

人はそもそも本性として戦争をするのだろうか、ということが昔からいろいろと議論されてきました。人間はもともと暴力的で、自分の身を守るためならば他人の命を奪うこともあるのだ、なので昔から戦争はあるのだ、という議論がしばしばなされます。

人にある種の暴力性があるということは、おそらく普遍的なのだろうと思います。しかし、状況によって人に危害を加えたり、殴ったりすることがあったとしても、それと戦争とは直結しない、と私は考えています。

戦争については、もう亡くなられました考古学者の佐原眞さんがかなり力を入れて研究してこられました。佐原さんは、戦争というのは多数の殺傷をともなう集団間の武力衝突だとおっしゃっています。これは世界的にも標準的な戦争の定義ですが、戦争が人間の本性かどうかについての最近の議論では、そのあたりがあいまいなまま話が進められているところがあります。そのあたりも整理しながらお話ししたいと思います。

みなさんの記憶に新しいと思いますが、アメリカ合衆国のオバマ大統領が広島を訪れた際に、スピーチの中で「広島だけが際立って戦争を象徴するものではありません。遺物を見れば暴力的な衝突が人類の歴史が始まったころからあったのがうかがえます」と言っています。オバマ大統領はノーベル平和賞を受賞した時のスピーチでも同じようなことを言っていますが、オバマさんの意図は、人間というのは人類の歴史の最初から暴力的な衝突をしてきた、殺し合いをしてきたけれども、それは文化の力または社会的な制度によって抑えることができるはずだ、そうしなければならない、ということです。

そうした見方は、古典的なところではトマス・ホッブズという哲学者が示しています。「万人の万人に対する闘争」という見方を提示したホッブズは、人間の自然状態は闘争状態であると考えました。人間はもちろん生物ですが、生物というのは基本的に自己保存の本能によって生きている。自分が生きのびるということを第一に考えなければ生命体として存続できませんので、自己保存の本能というのは遍く生物にありますし、当然人間にもあるはずだ。さらに人間は将来を予見することができるがゆえに、その時十分な食べ物がたとえあったとしても、この先何が起きるかわからない、そうするとつねに満足できない、もっと持っていなければ安心できない。ということで、限られた資源を争って戦うことになる。それを抑えるためには、国家のように人々を統制するような組織が必要なのだ、ということになるわけですね。

それに対して日本考古学では、以前から縄文時代の人たちは戦争をしていないと言われてきました。佐原さんは「人類の歴史三〇〇万年を仮に三メートルとすると、日本の場合は最後の三ミリで武器や戦争を持った」と表現しました。つまり人類の長い歴史において、ずっと戦争をしていない。日本の場合は、農耕が始まって、弥生時代になって、武器が登場し戦争が始まる。戦争は考古学的にみると、つい最近人間が作り出したものだから、必ず捨てることができるのだ、ということをずっと主張されてきました。

狩猟採集民に戦争はないのか

世界的にも、狩猟採集民は基本的に戦争をせず、農耕が始まって、土地を奪い合ったり水を奪い合ったり、あるいは資源の蓄積が始まって社会の中に富める者とそうでない者が生まれる中で戦争が起こるのだという考え方を、かなり多くの人がもっています。

それが一九九〇年代に学問的な転換があって、いや、狩猟採集民も戦争をしているのだ、という研究が出始めました。狩猟採集民も、いつも平和で和やかに暮らしているわけはないと。狩猟採集社会というのは、人類が昔から行っている本来的な生活なので、そういう生活をしている人々も戦争するのであれば、やはり人類というのはもともと戦争するようにできているのかもしれないという主張が一九九〇年代半ばくらいから盛り返してきて、最近ちょっと勢いづいてきています。

人間の本性として暴力的なところがあるのだという見方は、人類にもっとも近いゴリラやチンパンジーの研究者からも出ています。チンパンジーというのはけっこう暴力的なんですね。相手が死ぬまで喧嘩をしたり、あるいはほかの種類の小さなサルを共同で狩ることも報告されていて、チンパンジーも暴力的なのだから、人類はその起源から暴力的なんだと主張されることもあります。

ただ、京都大学総長でゴリラ研究の第一人者である山極寿一さんは、そうではないと言っています。チンパンジーのオスは確かに攻撃的だけれども、チンパンジーには二種類、いわゆる普通のチンパンジーとちょっと小型のボノボという種類がいて、ボノボはそんなに攻撃的ではないのです。チンパンジーとボノボはとても近い種だけれどもそれだけ違いがあるということは、攻撃性というのはわりと短期間に本能として適応的になるということを示していると。人類においても、いま世界中でさまざまな民族間、地域間、集団間で戦争が起こっているけれども、これがずっと昔から人間が持っている本性なのかというと、そうではないだろうと言われています。

ちなみに、ヒトとチンパンジーの祖先が枝分かれするのがだいたい七〇〇万年前ぐらいといわれています。普通のチンパンジーとボノボは、その共通祖先がヒトの祖先と分かれた後で、二〇〇万年~三〇〇万年前に種として分かれたと考えられています。その一方は攻撃的だけれども、他方は攻撃的でないのだから、攻撃性のルーツが霊長類の先祖にあるということにはならないだろうという話です。

たしかに、狩猟採集民でも戦争をしていることを示す考古学的な遺跡も発見されていま す。スーダンにジェベル・サハバという一万三〇〇〇年くらい前の遺跡があります（図1）。日本でいうと縄文時代の草創期くらいの年代にあたるわけですけれども、ここで五九体の人骨が出土して、そのうちの二四体、半分近くが暴力的に殺されたような状況でした。墓地にきちんと埋葬されています。

この調査自体は一九六〇年代と古いので、佐原さんもこの遺跡のことはもちろんご存じでした。佐原さんの考えでは、農耕が出現してきてから戦争が始まるということですが、ジェベル・サハバは一万年以上前の狩猟採集社会です。

これをどう説明するかということで佐原さんは、これだけしっかりした墓地を作っているということは定住的な社会だろう、農耕は行っていなくても、定住的になれば、その土地との結びつきが強くなって、土地に対する執着が強くなり、そうした中で集団的な戦争が起きてくる。だから、農耕だけではなくて定住性ということも戦争を引き起こす一つのファクターになるのではないか、ということを書いておられます。

この遺跡はかなり詳細な検討がされていて、明らかに戦争的な状況を示すのではないかと言われています。それはどういうことからわかるかといいますと、いくつか複数合葬さ

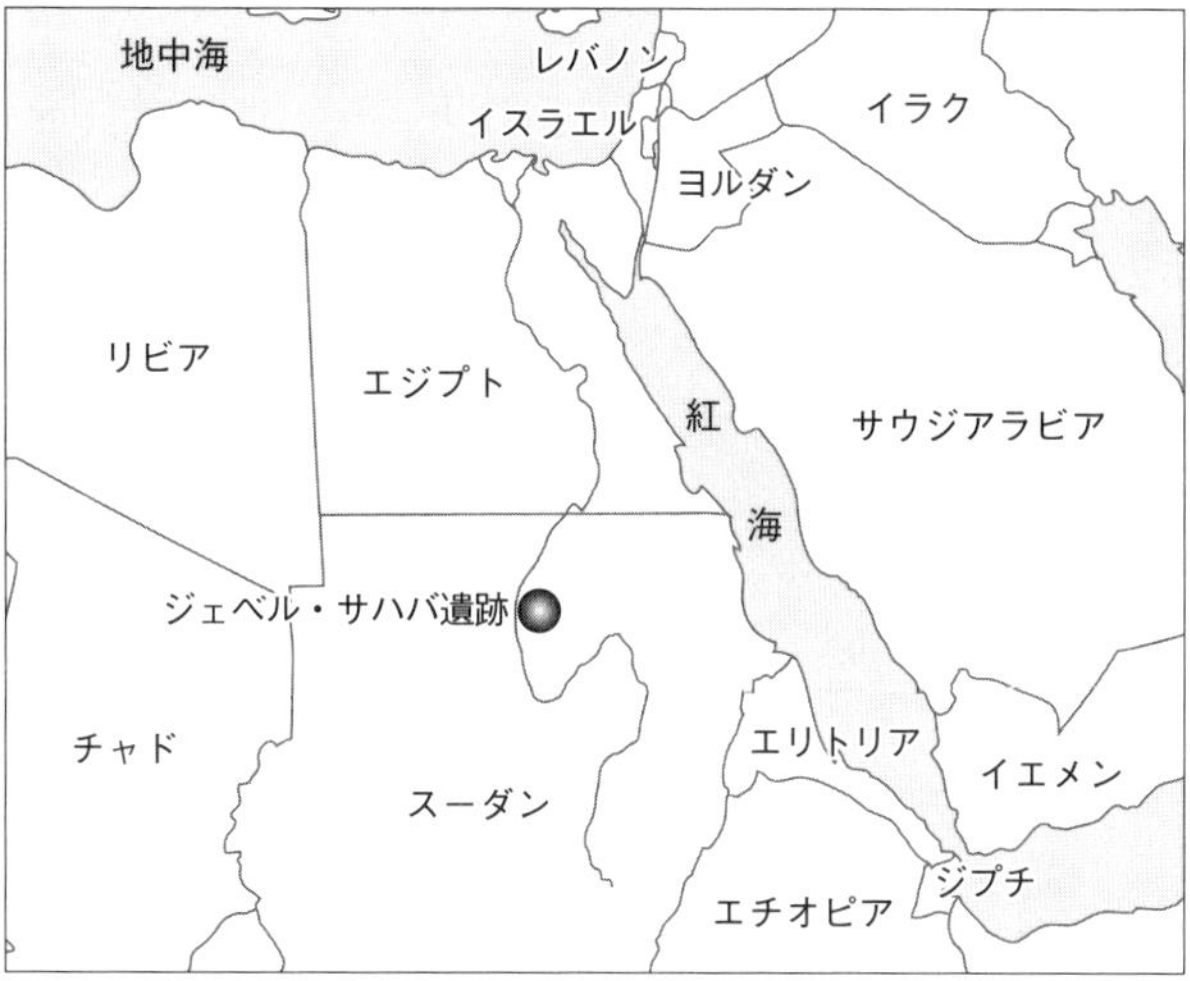

図1　ジェベル・サハバ遺跡の位置

れている墓があるのですが、合葬されている人たちは、女性と子どもが多い。そして、単体で埋葬されているのは成人男性が多いのです。

この発掘調査をしたフレッド・ウェンドルフという考古学者は、おそらく女性と子どもは村にいるときに襲撃を受けて殺された状況、そして男は狩りなどに出かけて行ったところで襲撃されたのではないかと推定しています。

女性や子どもが殺されているのです。厳密に言うと子どもの骨自体に傷は残ってないのですが、明らかに殺された大人と一緒に埋められているので、おそらく同時に殺されたのではないかと考えられます。女性や子どもが殺されるということとが、戦争状況を示すとても重要な証拠ではないかと考えられます。

最初に暴力と戦争はイコールではないという話をしましたが、殺人というのは、基本的に単発的に起こります。いわゆる恨みつらみなどによる殺人というのはかなり普遍的にあるんですね。ただ、そんなに頻度は高くない。その後におそらく出てくるのが、いわゆる仕返しとか仇討ち的な殺人です。自分の身内はあいつに殺されたから仕返しをするのだという、いわゆる報復殺人というのは、近年の狩猟採集社会でもしばしばみられますけれども、そういう場合には子どもは普通ターゲットにならないんですね。

処罰的な殺人というのも、大人は被害者になるけれども子どもはならない。子どもが殺されるのは、その子どもが自分たちと敵対する集団のメンバーであるということが理由になるときですよね。だから、子どもも一緒に殺されているというのは、明らかに集団間の対立があって、他集団の人間であれば、性別年齢問わず殺していいのだ、殺すべきなのだという戦争的な規範があるんじゃないかということが想定されるわけですね。

また、一体の人にかなり多くの石鏃が刺さっているケースがあります。今でも殺人があって被害者が何回も刺されていると、かなり強い怨恨があると解釈されるわけですけれども、この場合もおそらく相手が倒れた後も執拗に攻撃しているようなので、かなり強い恨みのようなものをベースにして、集団間で敵対意識があって、相手が倒れてもさらに攻撃するような、そういう状況があるんじゃないかと言われています。ジェベル・サハバ遺跡は狩猟採集民にも戦争があるという一つの根拠としてよく知られています。

さらに、二〇一六年の一月に報道された新発見の遺跡もあります。ケニアのトゥルカナ湖の湖畔で二七体の人骨が発見されて、うち一〇体が暴力的に殺されている状況でした。BBCなど世界のさまざまなニュースでも取り上げられて、やはり一万年前から狩猟採集民が戦争をしていた証拠としてかなり注目されました。

手首を縛られた状態で殺されている人骨もあるようです。一万年前なので、武器としては黒曜石製の尖頭器で殺されたり、鈍器のようなもので頭を殴られたりしています。こうした遺跡から、やはり人間は狩猟採集社会のときから戦争を繰り返してきている、という説がかなり勢いづいてきているという状況があるわけです。

さらに、今も伝統的な生活をしている人たちを人類学者がいろいろ調べてみると、かなり暴力的な人たちがいるということもわかってきました。たとえば、南米のブラジルにいるヤノマミ族がかなり暴力的な文化を持っていることはよく知られています。家庭内暴力も激しいし、男同士でいろんな理由で戦いあって、暴力による死亡率がかなり高いとされます。

図2は男性のうちどのくらいの人が戦争で死んでいるかを示すグラフです。ヤノマミや

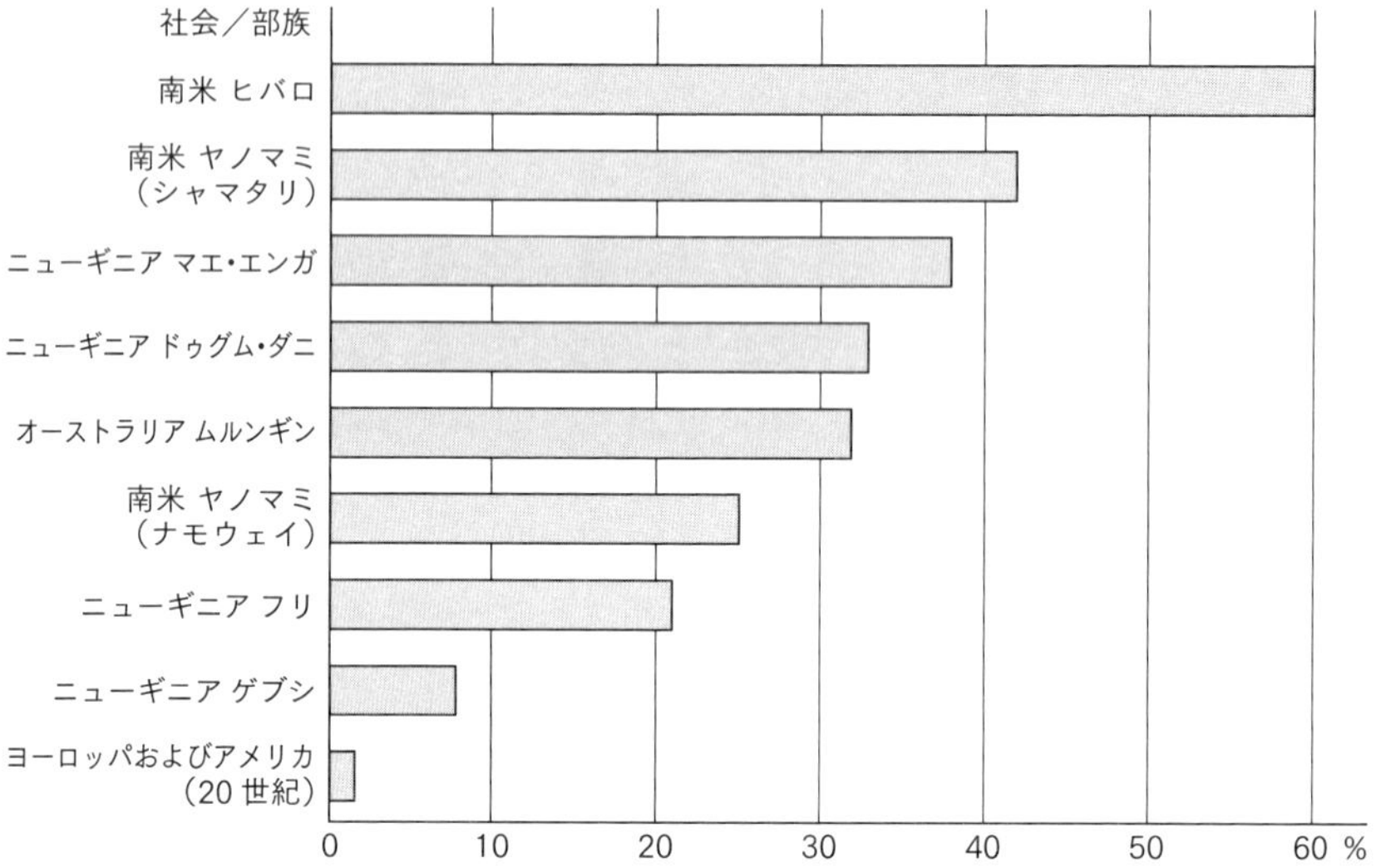

図2　戦争による男性死亡率
（ピンカー 2015に引用されたKeeley 1996より作成）

南米の別の部族、ニューギニア、オーストラリアなどで狩猟採集などの伝統的な生活をしている人たちの暴力死亡率がかなり高いことを示しています。ヒバロという民族は男性のうち六割近くが暴力的に殺されていて、そのほかにも三〜四割の人たちが、つまり二、三人に一人の割合で暴力的に殺されている。戦争的な状況が恒常的にあることを示しているわけですね。

ちなみにグラフの一番下は二〇世紀のヨーロッパとアメリカのデータです。二〇世紀は「戦争の世紀」といわれるように二度の世界大戦があって、ものすごい数の人が戦争で死んでいるのですが、パーセントにすると案外少ないということなんですね。これをみると二パーセントを切るくらいです。

こうしたデータに基づいて、伝統的な社会のほうが暴力的だ、国家的な制度や文化が成熟することで暴力が減っているのだという説を、アメリカの認知心理学者スティーブン・ピンカーが『暴力の人類史』(青土社)の中で展開しています。図3は、『暴力の人類史』に掲載されている先史時代の遺跡出土人骨のデータです。民族誌で確認できる例は、いくら狩猟採集で暮らしていても、現代に生きている人たちなので、彼らの生活が私たちの先祖の生活をあらわしている確証はありません。なので、過去に本当に戦争状態が当たり前だったかどうかを調べるには、やはり考古学的な情報を調べるしかないわけです。

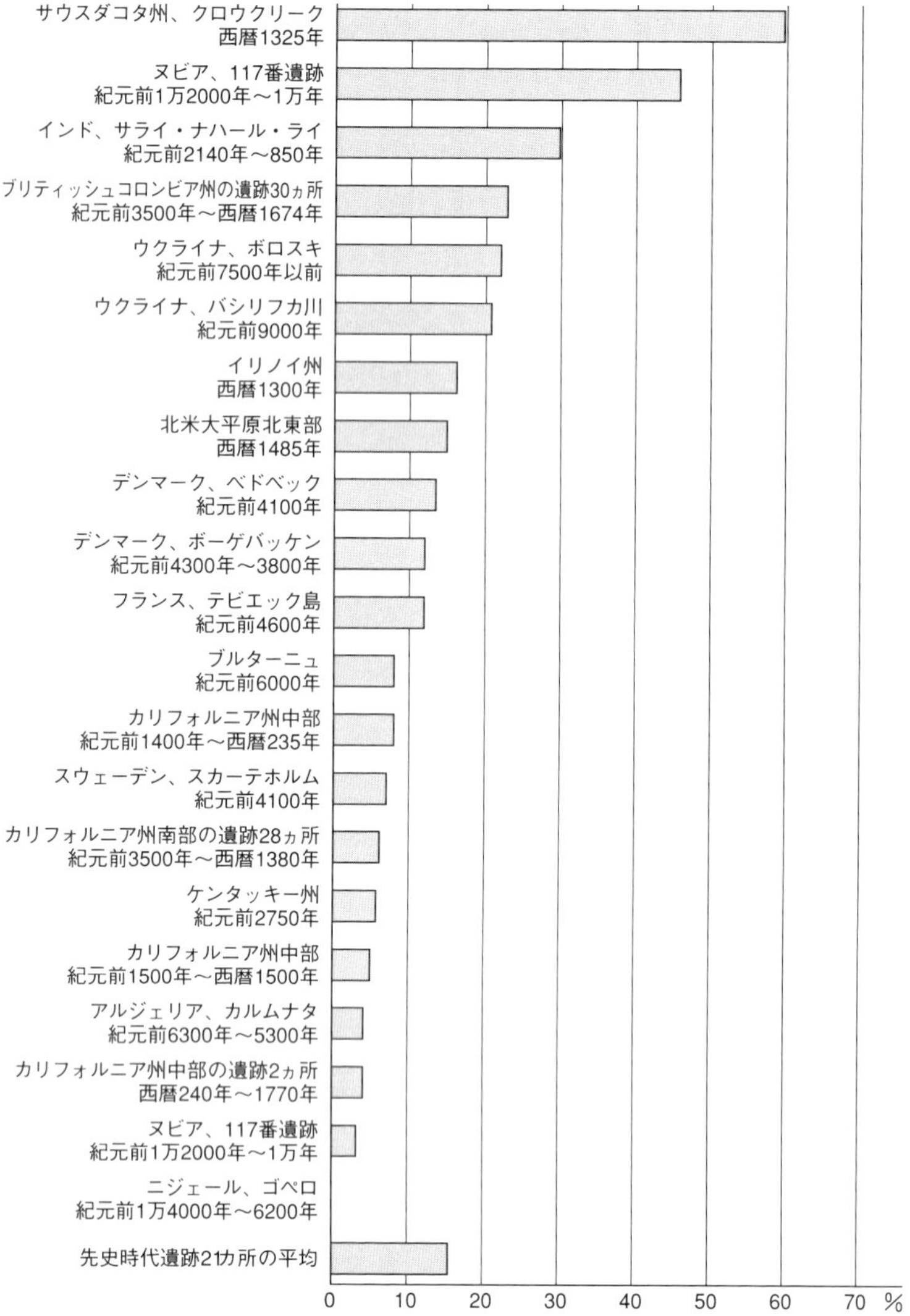

図3　先史時代の遺跡から算出した暴力的に死亡した人の割合
（ピンカー 2015より作成）

考古学から戦争をとらえる

ピンカーは、アメリカの経済学者サミュエル・ボウルズがさまざまな遺跡から集めたデータを引用しています。ボウルズという人は、戦争についてちょっと違った観点――私たちの本性として利他的な性質があること――から研究をしています。自分を犠牲にしても人を助けたいという本能があるのは、人間の特徴です。

アメリカの認知心理学者マイケル・トマセロの研究によると、一歳くらいの赤ちゃんで実験しても、人が困っていたら手伝いたい、「手伝い行動」というのをするんですね。それは手伝うと何か報酬をもらえるからするのではなくて、手伝いをすること自体がすごく嬉しいのです。つまり、いわば私たちの本能として人の手伝いをしたいということがかなり強くあって、これはチンパンジーやほかの動物には見られない人類特有の性質です。

なぜ私たちがそういう性質を持っているかという問題は、進化論的な謎だといわれてきました。ホッブズのところでお話ししたように、生物の基本は自己保存なので、自分のためになることをするのが第一です。でも、人間は時に自分の身を犠牲にしてもほかの人を助けたりする。自分の取り分が少なくなっても、ほかの人に食べ物を分け与えたり、自分が危険な目にあうかもしれないのにほかの人を手伝ったりする。その人自身のためにはならないかもしれないのに、どうしてそんな性質が進化したんだろうか、というのが進化論的には謎だとされてきたんですね。

それについては、みんなで協力をすることによって、食料の確保がうまくできるようになるから、というような説明もできるのですが、ボウルズは、戦争状態が当たり前にあることで人のために自分を犠牲にするような性質が進化したのではないかと考えたわけです。戦争状態というのは集団同士の戦いですから、戦う人にはリスクがあるわけです。殺されるかもしれない。しかし、自分の集団を守るために、いわゆる戦士というような形で戦う人がいる集団のほうが、そういう人がいない集団よりもより生き残る確率が高ければ、そういう人がたくさんいる集団がどんどん子孫を残していって、人のために戦えるような人が人類全体に広がっていったんじゃないか、ということをボウルズは考えたんですね。

それを証明するために実際に考古資料を集めて、どのくらいの人が暴力的に死んでいるかを調べたわけです。ボウルズは考古学者ではないですが、報告されているデータから、彼としては集められる限りのものを集めたようです。世界各地から、時期もさまざまなデータです。それぞれの遺跡でどのくらいの人が暴力的に死んでいるかを計算して平均すると、ピンカーのグラフでは少し多めになっているような気がしますが、ボウルズは一四パーセントとしています。つまり、すべての人の一四パーセントが暴力的に死んでいる。これは、かなりの高頻度ですね。だからボウルズは、かなりの人が戦争で死ぬような社会だから、そういう状況で人間の利他的な、人のために尽くすような性質が進化した、と考えたわけです。

ただし、ボウルズが使ったデータは世界各地に分散しているんですが、東アジアはすっぽり抜けています。理由は簡単で、特に日本のデータというのはほとんど英語で公表されていませんから、日本語がわかる人しか使えないんですね。それはボウルズの責任ではないかもしれませんが、ややつまみ食い的なデータで一四パーセントという数字を出して、人類はもともと戦争状態が当たり前であった、と言うのはどうかなと思います。

私が今共同研究をしている科学哲学者の中尾央さんから、「すごく荒っぽい分析で戦争は人間の本性だという話に傾いていってるけれど、日本の考古学には充実した人骨データがあるから、それでしっかりと反論したほうがいいんじゃないでしょうか」と指摘されたのがきっかけで、日本で集められる限りの縄文時代の人骨データを集めてみよう、ということになりました。

縄文時代の受傷人骨

草創期の人骨は出土していないので、早期以降になりますが、合計二五七六体の人骨データが集まりました（表1）。その数は、ボウルズが世界各地から集めたデータの総数と同じくらいです。ですから、私たちは日本列島の中だけで同じくらいの数のデータを集めたことになります。しかも縄文時代と一言で言っても時期によって自然環境も違えば社会の複雑さも違いますから、一定の地域で一万年にわたる狩猟採集社会におけるデータをまとめて分析することができたことになると思います。

さて、その中で受傷痕跡がある人骨は二三体しか確認できませんでした。これを全人骨数で割ると〇・八九パーセントです。子どもを外して大人だけで計算しても一・八一パーセントです。ちなみに、さきほど子どもが殺されるというのは戦争の一つの重要な証拠だと言いましたが、縄文時代の受傷人骨の中に子どもは含まれていません。

受傷人骨が出土している遺跡を地図に落としてみますと図4になります。日本の各地に散っていまして、基本的に一遺跡から一、二体しかありません。スーダンのジェベル・サハバのような明らかな大量殺戮、同時に多数の人が殺されたことを示すような状況はあり

時期	総数	成人	受傷人骨	暴力による死亡率	
				総数(%)	成人(%)
早期	113	39	1	0.09	2.56
前期	216	118	0	0.00	0.00
中期	371	172	5	1.35	2.90
後期	944	472	7	0.74	1.48
晩期	932	471	10	1.07	2.12
合計	2576	1272	23	0.89	1.81

表1　遺跡から出土した縄文時代の受傷人骨数

ませんでした。子どもも殺されていない、頻度も低いということなので、少なくとも残された人骨からは縄文時代に戦争があるとは言えないということになると思います。

ただし、人骨データには限界があります。日本の土壌はなかなか骨が残りにくく、この分布を見ましてもだいたい貝塚があるところにドットが落ちています。なかには長野の北村遺跡のように内陸でも人骨がまとまって出土した遺跡がいくつかありますが、そういうところでは受傷人骨は見つかってないですね。限られたデータではあるけれども、確認できる限りにおいては戦争があったことを示すような人骨的な証拠はないということになります。早期に一点ありますが、これは愛媛県の上黒岩岩陰遺跡です。前期は一点もありません。あとは、中期、後期、

図4　受傷人骨が出土した縄文時代の遺跡

晩期に散発的にあります。時期的にも地域的にも集中する感じはありません。

早期の上黒岩岩陰遺跡の人骨（図5）は、発見された当初は成人男性が殺されていると報告されていましたが、最近の再調査で女性であることがわかりました。女性の骨にヘラ状骨器とされるものが刺さっていて、戦闘的というよりも、むしろ儀礼的なものなのではないかという説もあります。

中期には岩手県の宮野貝塚の事例があります。矢じりが腰の骨に刺さっていて、そのまわりに骨がちょっと盛り上がっている治癒痕がみられます。骨は、骨折してもしばらくギブスをしてればくっつくように、回復しようとする力があります。傷を受けてすぐ死んでしまうと治癒痕はできないので、傷を受けてからしばらくは生きていたということを示す事例です。縄文の受傷人骨として数えている中に、治癒痕がある事例はほかにもあるので、即死した人に限ると数はもっと少なくなります。

大分県の枌《へぎ》洞穴で発見された縄文時代後期の人骨は、一つの墓壙に4人の男性が埋葬されていて、そのうち三体の胸部から石鏃がみつかりました（図6）。唯一の複数同時死亡の可能性があるケースです。これは何かあったのかもしれないな、ということを示唆している資料になります。

愛知県の伊川津貝塚の人骨は、右の前腕部の尺骨に矢じりが刺さっています。これもま

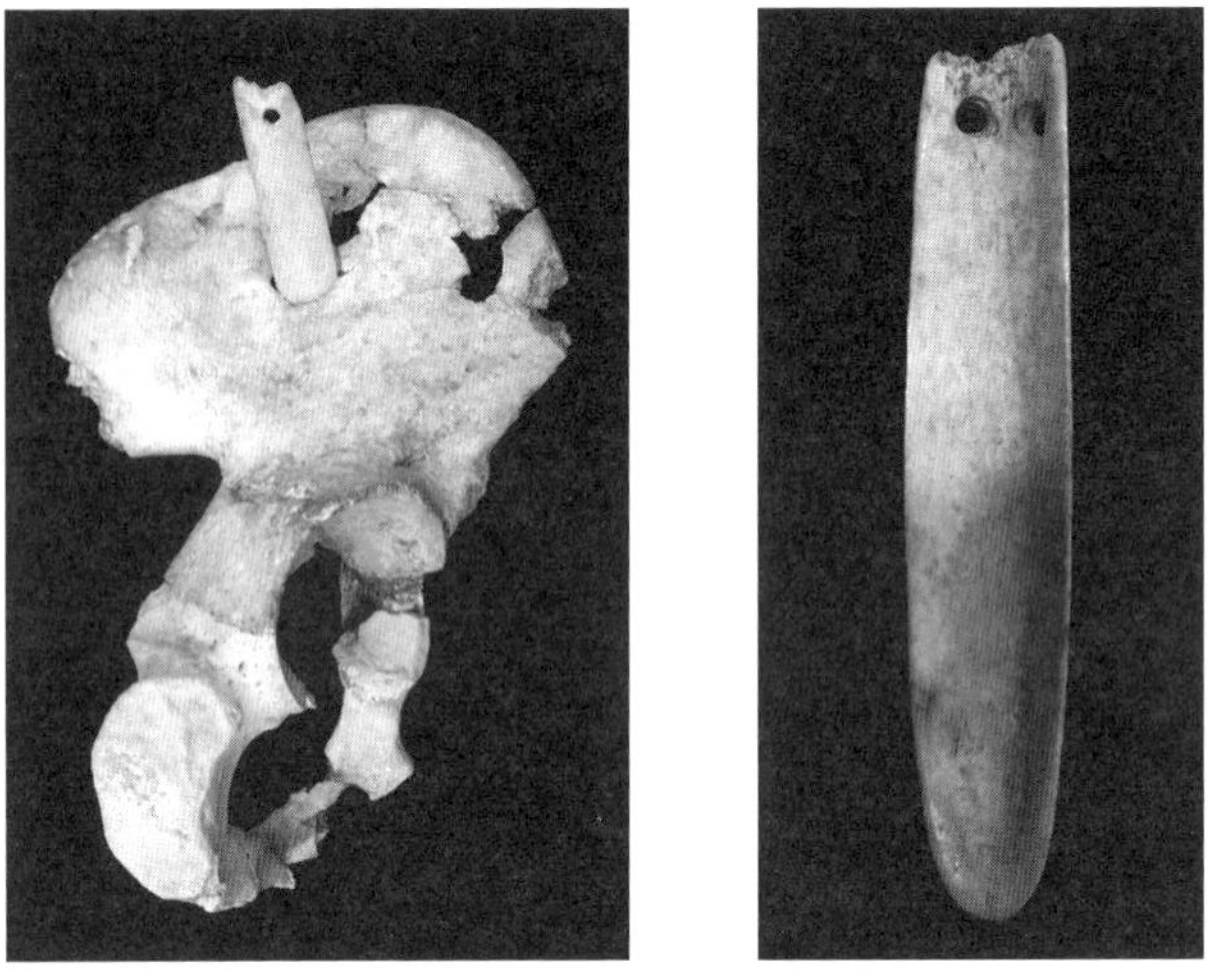

図５　上黒岩岩陰遺跡（愛媛県）の受傷人骨と刺さっていた骨器

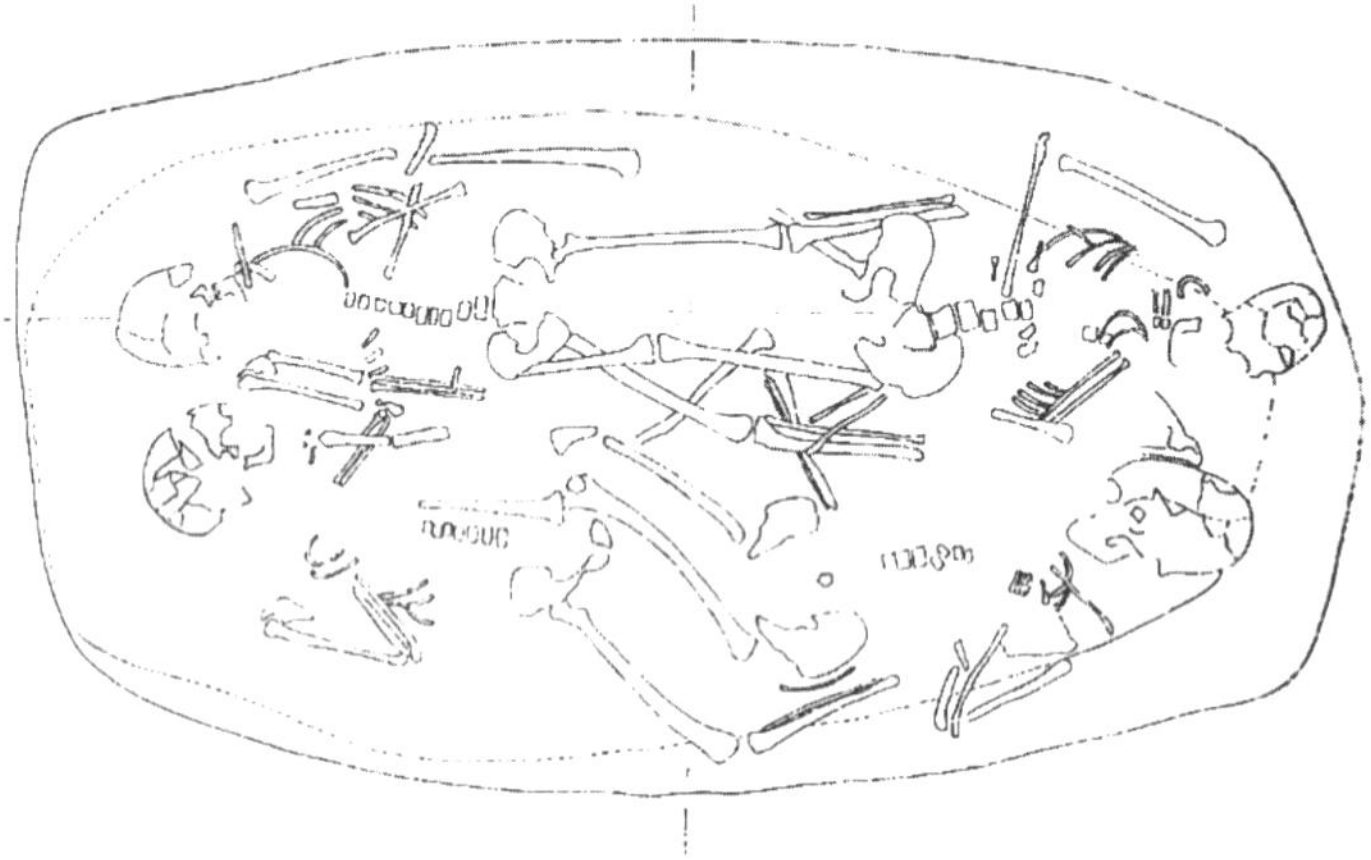

図６　枌洞穴で見つかった縄文時代後期の人骨
男性４人が埋葬され、３体の胸部に石鏃

わりに骨が増殖していて、それを取り除いたら石鏃が出てきました。この人も傷を受けてからしばらくは生きていたということになります。同じく伊川津貝塚の頭骨は、おそらく石斧で殴られた跡が頭に二カ所あります。大きさが違うので、使われた凶器は二つあったのではないかと言われています。つまり、少なくとも二人から襲撃を受けた可能性があると推定されています。

このように縄文時代には、確実に襲撃されている人がいたことがわかります。内野那奈さんが、立命館大学に出した「受傷人骨からみた縄文の争い」という卒業論文を『立命館文学』という雑誌に発表していますが、そこで「縄文時代の殺傷パターン」を復元しています(図7)。伊川津でみられた石斧を持った二人に襲われるケースや、宮野貝塚の後方や上のほうから狙われているケースがあります。伊川津の尺骨に石鏃が刺さっていたケースは、防御創といいますか、身を守ろうとして腕を上げたところに刺さった可能性があります。複数から襲われるという事例もありますが、頻度はとても低いと言えます。

武器の登場

しばらく前に高知県の居徳遺跡から受傷人骨がまとまって出土したことがありました。

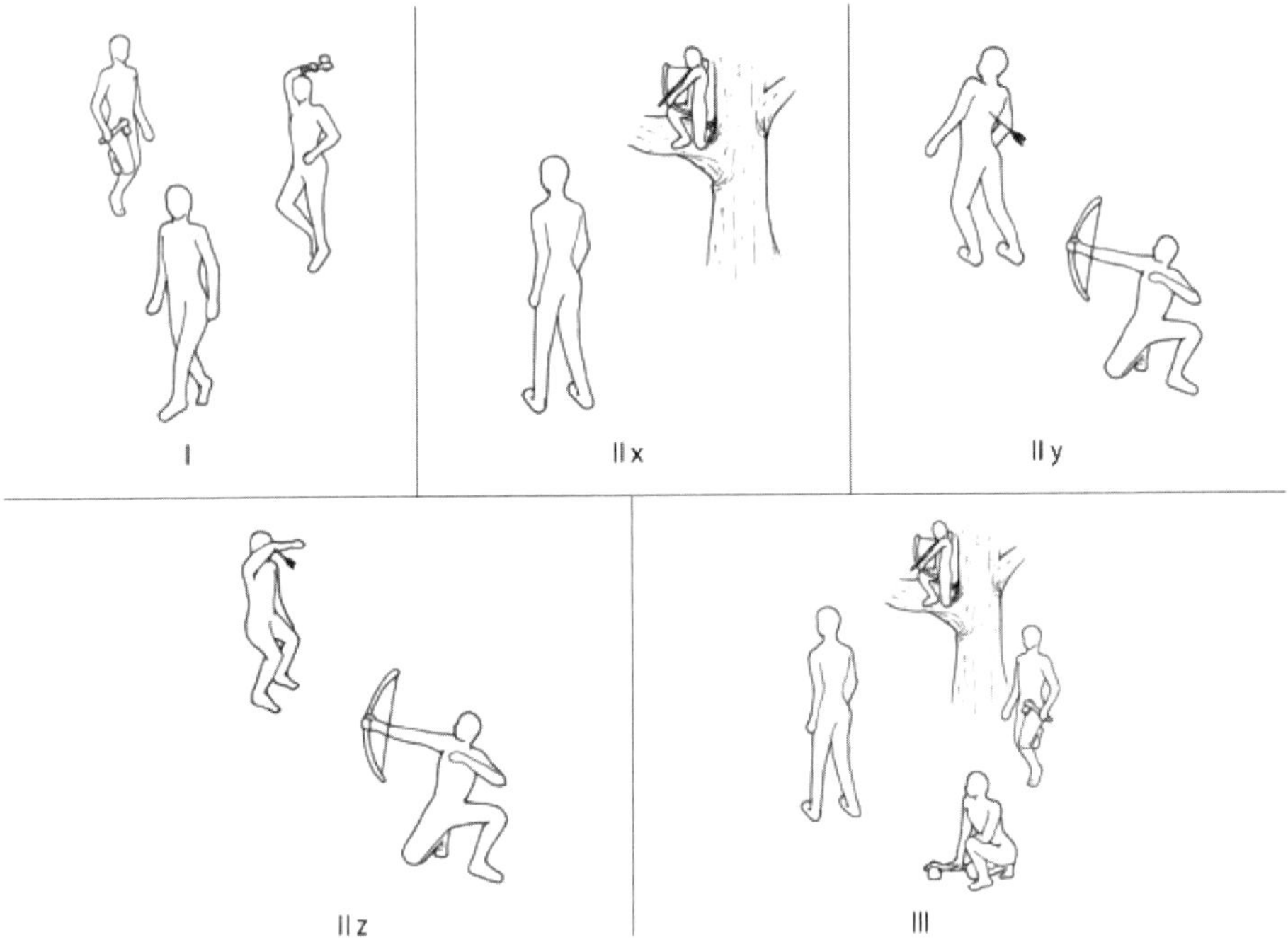

図7　縄文時代の殺傷パターン
（内野那奈2013より）

これについては、「平和だったとされる縄文時代に戦争が存在した可能性を示す」ということで、かなり報道されました。大腿骨に穴が開いていたり、切りつけた跡があったりします。ここでは、埋葬されているのではなくて、バラバラと打ち捨てられたものが堆積した状況で出土しているわけですけれども、九人分ぐらいの人骨の中の三体分に傷がある。これは縄文時代の戦争ではないのか、ということです。

この傷はかなり鋭利なもので、金属器によるものではないかと奈良文化財研究所の松井章さんが報告しています。もし金属器によるものとなると、これは縄文時代というよりも、文化的には弥生時代に入るだろうと思います。この人骨が見つかった層からは木製の農耕具なども出土していて、文化的にはすでに弥生時代に入っている可能性が高いということで、縄文時代には含めませんでした。

弥生時代に入ると状況は大きく変わります。目に見えて変わるのは、武器が登場することです。武器というのは、最初から人間同士で戦うことを目的として作られた道具ですね。これは縄文時代にはありませんが、弥生時代になると出てきます。大陸、朝鮮半島の農耕社会の中で武器を持つ文化が生まれて、それが稲作農耕とほぼ一緒にまとまって北部九州に入ってくるというような状況があります。

福岡県の弥生時代前期末の吉武高木遺跡からは、銅剣や銅戈などの武器が出土していま

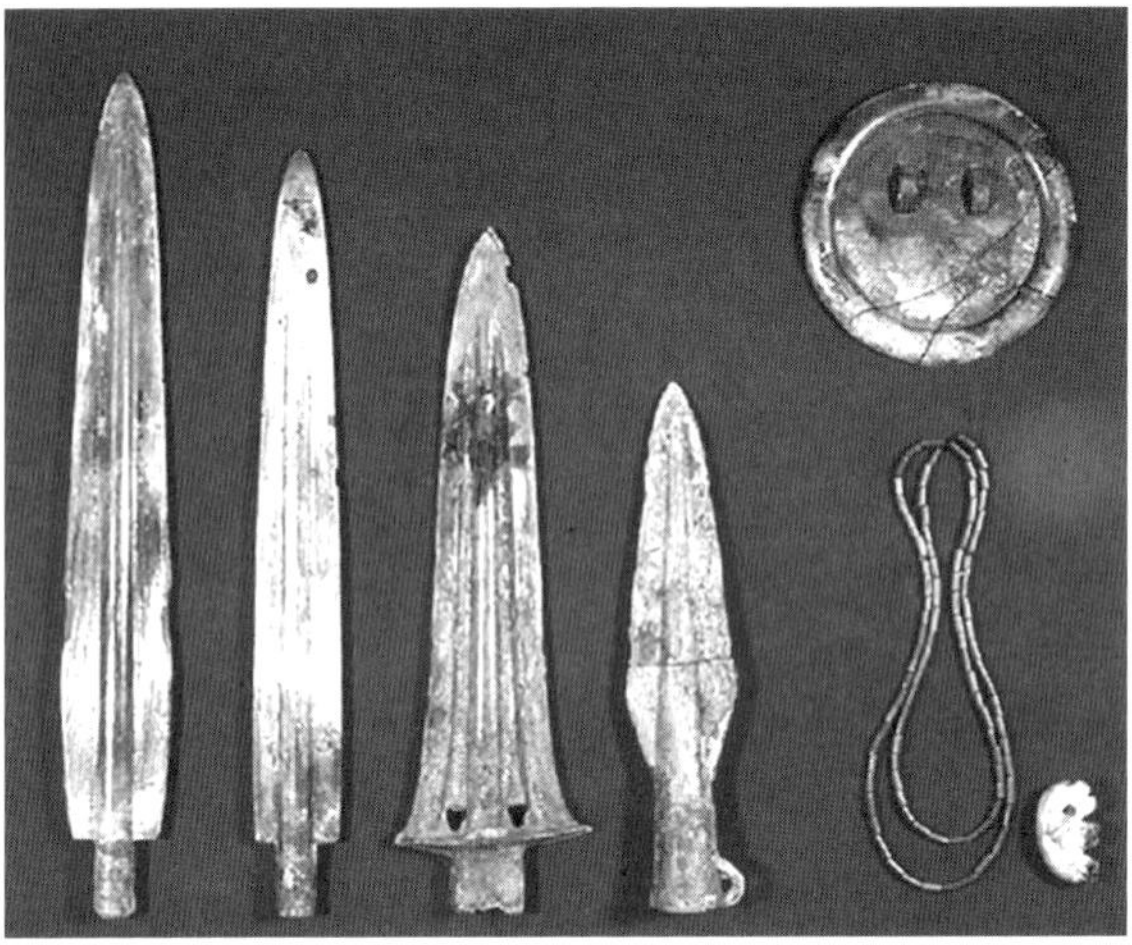

図8　吉武高木遺跡（福岡県）3号木棺墓出土の銅剣・銅矛など

す（図8）。明らかな武器を持つ社会になるんですね。そして受傷人骨も、金属製の武器によるものがみられるようになります。

長崎県の根獅子遺跡では、熟年女性の頭骨のてっぺんに青銅製の武器が刺さっていました。最初にこの人骨を調査した金関丈夫さんは銅鏃としましたが、その後、別の研究者は銅剣ではないか、また別の研究者は銅戈ではないかと言っています。いずれにしても、何らかの青銅でできた武器が頭のてっぺんに刺さっている。金関さんは、在地の女性首長が戦闘の最前線に立っていたのではないか、というようなことを言っています。

有名な吉野ヶ里遺跡の首なしの人骨もあります（図9）。北部九州では甕棺墓が弥生

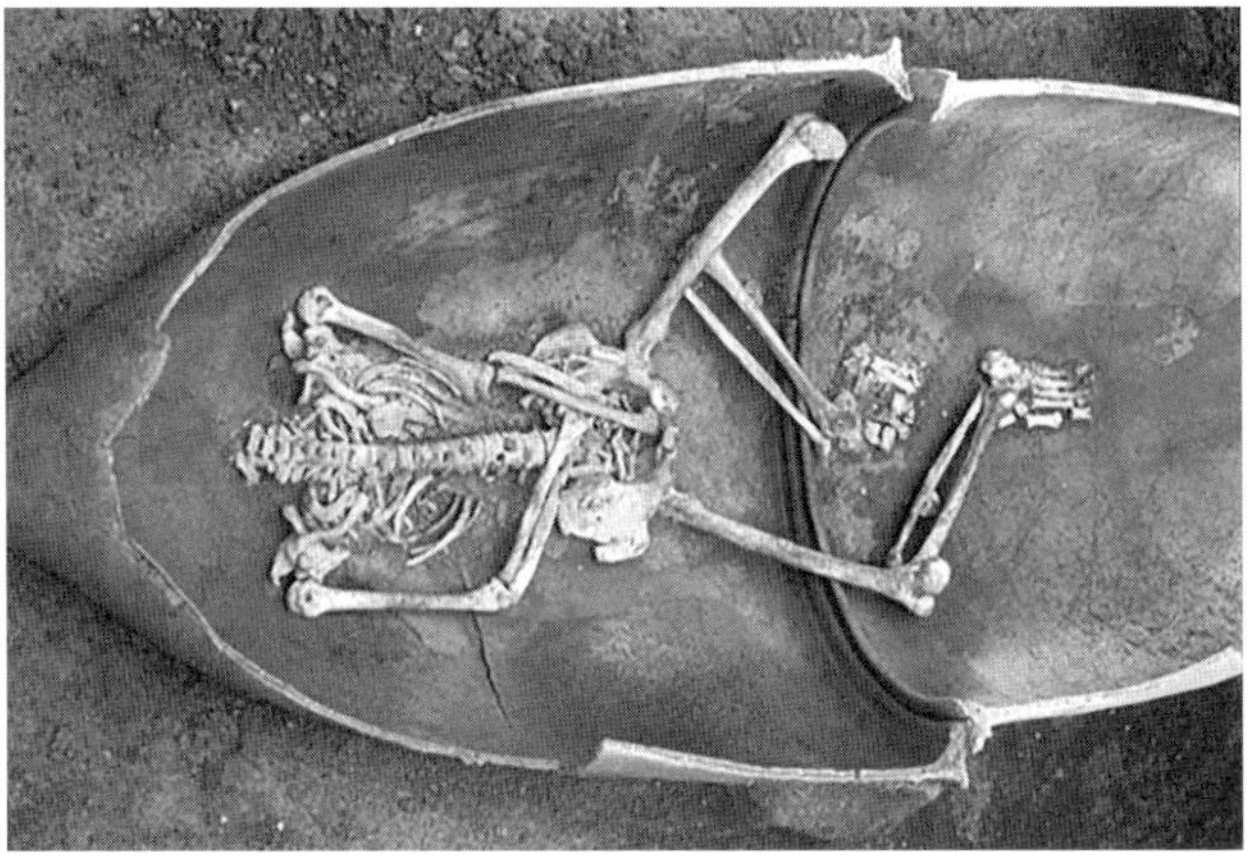

図9　吉野ヶ里遺跡（佐賀県）出土人骨

時代に発達します。甕棺墓は大きい専用の土器棺を作ってその中に遺体を入れて、二つ合わせて粘土でていねいに目張りします。中が空洞のカプセル状になるので人骨の残りがとても良いです。人骨の残りにくい日本列島では、貝塚のある縄文時代の人骨はかなり残っていますが、弥生時代になると貝塚が少ないので人骨の出土状況はより局所的になるのですが、北部九州では人骨のデータが充実しています。

今、弥生時代の受傷率はどのくらい上がるのかデータを集めています。ここで細かい話をすることはできませんが、やはり縄文時代よりはグッと上がります。ただ、予想していたほどは高くはないようです。弥生時代になると環濠集落といって、集落のまわりを濠で囲う防御的な性格のムラが登場します。佐原さんが戦争の指標と考えた、防御的な集落と武器が出てくる。これが日本列島においては戦争の始まりといえると思います。

以上のような縄文のデータから言えることとは、一万年にわたる狩猟採集社会において戦争の証拠が見られないということです。これは、戦争は人間の本性とする説や戦争によって人の利他的な性質が進化したとする説への有力な反証になります。この点は、世界的にも注目されました。人間の持っている本来的な暴力性みたいなものはある程度あるけれども、戦争というのはそれとイコールではなくて、制度として発生し、制度として維持されるものなのだろうということですね。

もうひとつ面白いのは、縄文社会というのは、御所野遺跡からも明らかにわかるように、狩猟採集社会としてはかなり定住的な社会なんですね。ジェベル・サハバでも狩猟採集民だけれど定住的で戦争をした様子がみられました。ヨーロッパの比較的定住的な狩猟採集社会の段階では、縄文社会よりも受傷人骨率が高いようです。縄文社会では受傷率が低いというのは、何か戦争を避ける文化的なメカニズムや社会的に暴力的な対立を避ける意思決定をするような方法があったんじゃないか。これが具体的にどうであったか、ということが、今後追究すべきところだろうと思います。

「平和的社会」の特徴

その縄文社会の特質を考えるうえで一つ参考になるのが、デビット・ファブロによる平和的な社会について研究した論文です。ファブロという人は、戦争は何で起きるのかを考えるときに、戦争をやっているところばかりみんな見がちだけれども、戦争をやっていないところはどういう社会なのかを見るべきではないかと考えました。

そこで世界中のいろいろな民族の資料の中からもっとも平和的だと判断される五つの文化を選びだしたんですね。それらがどういう特徴を持っているかというリストをあげています（表2）。論文にはもっとたくさんの特徴がリストされているのですけれども、わかりやすいものをいくつかピックアップして日本語にしました。

まず生業は基本的に狩猟採集で、ちょっと農耕をしているところもあります。縄文社会も基本的に狩猟採集社会ですね。集団の規模はやはり小さいです。数千人、数万人の社会ではないということです。基本的には互いが顔見知りの中で動いていく社会です。なので、多少の利害関係はありますが、親族関係が社会を統合する重要な原理になっている社会です。

	セマイ マレー半島	シリオノ ボリビア	ムブティ コンゴ	クン カラハリ砂漠	コッパー・ エスキモー カナダ極北地域
生業	狩猟採集、 焼畑	狩猟採集、 焼畑	狩猟採集	狩猟採集	狩猟 （採集も）
社会統合原理	親族・ 利害関係	親族・ 利害関係	親族・ 利害関係	親族・ 利害関係	親族・ 利害関係
社会化	寛容	寛容	寛容	寛容	寛容
強制組織	なし	なし	なし	なし	なし
社会階層	あり （男性に限らず）	なし	なし	あり （男性に限らず）	なし
決定権	全成人	全成人	全成人	全成人	全成人
社会的 コントロール	たいてい 超自然的	たいてい 超自然的	たいてい 超自然的	たいてい 超自然的	超自然的・ 物理的
身体的暴力	稀、致命的	稀、致命的 でない	稀、致命的 でない	稀、致命的	多少、 致命的

表2　「平和的社会」の特徴（Fabbro 1978 より作成）

面白いのは、社会化――躾という意味合いですが――に関するところです。人は教えられることによって社会に順応していきます。その子どもの躾をどうするかということは、文化によってかなり違うのですが、平和な社会の躾は寛容なんですね。体罰とかしない。子どもはかなり自由奔放に育っているという特徴があります。逆に戦争をする社会ではかなり厳しい。体罰をともなうような、小さい時から厳しく社会のルールに従わせるような躾をする社会が多い。

そして、表にある「強制組織」というのは、今でいう警察のような、社会の規範に個人を強制的に従わせるような組織のことですが、それがないことですね。互いがそれを善いと思うか、悪いと思うかのベースで社会が動いている。一方的な権力を持っている組織がないのです。社会階層はあまりなく、あっても男性に限らないということで、社会的にいろいろなことを決める決定権が全成人にある。つまり、男だけが決める社会ではないということです。男女ともにすべての大人が同等の発言権を持つような社会ということです。

そして、社会的コントロールのあり方が「たいてい超自然的」と書かれてあって、ちょっとわかりにくいかもしれませんが、基本的には呪術的な、宗教的な原理で社会を統合し維持していく社会です。コッパー・エスキモーの欄に「物理的」とあるのは、物理的に拘束したり罰を与えたりするところが多少あるということですが、だいたいが「そんなことしたら神様が怒るから、みんなで集まって儀礼をしよう」というようなことでコントロールしていくんですね。そして、「身体的暴力」があまりないということです。たとえばボリビアのシリオノという人たちは、ものすごくみんなが優しくて穏やかなわけではなくて、口喧嘩も毎日やるんですね。夫婦喧嘩もしょっちゅうあって、怒り狂って皿を割ったりということはするんだけれども、奥さんを殴ったりはしない。

縄文社会の戦争を避ける文化的メカニズム

こういう点からあらためて縄文社会を見ると、縄文文化の一つの特徴的な遺物として土偶があるように、縄文社会というのは男女ともに社会的な位置づけが重要視されていた社会ではないのかな、という気がしております。

さらに西日本の縄文時代晩期には、風習的な抜歯がとても発達するんですが、だいたい一〇代の後半くらいに行うので、おそらく成人儀礼として歯を抜いているのではないかと言われています。抜歯については春成秀爾さんがずっと研究されていて、大きく分けると二つの抜き方のパターンがあるとされています。上の犬歯はほとんどの人が抜き、その後、下の前歯四本を抜く人たちと下の犬歯を抜く人たちに分かれるようです。春成さんは、出身集団を出てお嫁に行ったりお婿に行ったりする人が下の犬歯を抜いて、もともとそのムラにいる人は下の前歯を抜くのではないか、と考えていますが、この解釈についてはいろいろな議論があります。

ここで重要なのは、男女で抜歯のあり方が必ずしも分かれるわけではないということです。西日本では下の前歯を抜くタイプは女性のほうに多いのですが、このタイプの歯の抜き方をしている人のほうが装身具をたくさん着けていたり、社会的なランクはむしろ高い傾向があるようです。しかも、成人儀礼は一つの通過儀礼なので、男女問わずほぼすべての大人が抜歯をするということは、大人になる責任を果たす覚悟ができているということでしょう。麻酔もなく歯を抜くのはたいへん苦痛をともなう儀礼ですが、それを男女ともやるということは、おそらく大人としての責任に性別による差がない社会なのだろうと思います。

縄文社会と比較できるもう一つの社会として、北米の先住民のホピ族についての研究があります。それによると、ホピ族は「争いを好むが暴力的ではない」というのです。しょっちゅう口論したり、突っかかったりするけれども、衝突が暴力に至らないような文化的なメカニズムを持っている。

それは何かというと、口論はいいけれども、実際に人を殺したり、レイプしたりすることは、自己をコントロールできないことを示す、たいへんいけないことだ、という考え方です。自己のコントロールということが、その文化では大事だとされる。だから、我を忘れて相手を殴るのは、とてもいけないことだとされているんですね。ただ、人間ですからそういう感情は、もちろんさまざまな局面で湧いてくるわけですが、そういう感情をずっと持っていると悪いことがあるということで、儀礼体系の中で超自然的なやり方で処理されるのです。

もう一つ、縄文時代の遺跡を考えるうえで示唆的なのは、どうしても解決できない場合には分村するということです。狩猟採集民は基本的に遊動的なので、こいつとはやっていけないな、と思ったら分かれるというのは、社会的な問題解決の方法としてとても有効ですね。ある程度定住的になったとしても、長期的に見ると、御所野周辺を見ても、縄文集落は集まったり離れたりしているようです。そのように集団が分かれてしまうということが、暴力的な対立を避ける一つの方法として、有効であったのではないか、という視点から縄文時代の遺跡の動態を考えてみてもいいのかな、と思ったりしております。

戦争というのは残虐さとか一方的な行動のみによって生まれるのではないんですね。人間が残酷だから戦争するのでもない。それは制度として発生し、維持されるものです。いわゆる殺人というのは、ほぼすべての文化で悪いこととして罰せられます。しかし、戦争になると、自分の集団の人を殺してはいけないけれども、敵対している集団の人を殺すのは良いことなんです。それは人類にとってまったく新しい文化的な価値の枠組みに則って行われるものです。そのようなものがどのようにして出てきて、どのように維持されるのかというようなところを、もっと考古学的に追究していくべきだと思います。

もちろん、環境的な要因も大事だと思います。アフリカではスーダンやケニアで戦争を示す遺跡が早くから出てくるのは、あそこはナイル川があるんですが、そこに資源がすごく集中しているんですね。ナイル川を少し離れると砂漠になりますので、そういうところで限られた資源を奪い合うような状況というのは、やはり戦争に至りやすい。

特に一万三〇〇〇年前ごろというのは気候変動の時期です。氷期が終わって自然環境が大きく変わっていくときに、資源の状態が良いときに膨れ上がった人口が、資源が激減したときにどうするかという、とてもシビアな問題に直面することがおそらく多かった時期だと思います。なので、人口と資源のバランスもおそらく重要なんだけれども、それだけではなくて、どういう方法で解決するかという文化的な要因がとても大事だろうと思います。なので、縄文社会の中にはおそらく暴力を避けるような文化的なメカニズムがあったのではないか。また、社会的な意思決定が特定の性に偏らず、多くの大人がそれぞれ責任を果たす、そういう状況というのがおそらく戦争を生み出さない要因として重要であるかもしれない、と考えています。こうしたことを、この後もさらに検討していきたいと思います。

参考文献

内野那奈　二〇一三「受傷人骨からみた縄文の争い」『立命館文學』六三三
佐原　眞　二〇〇五『佐原真の仕事4　戦争の考古学』岩波書店
スティーブン・ピンカー　二〇一五『暴力の人類史　上』青土社
春成秀爾　二〇〇二『縄文社会論究』塙書房
マイケル・トマセロ　二〇一三『ヒトはなぜ協力するのか』勁草書房
松本直子　二〇〇五『先史日本を復元する2　縄文のムラと社会』岩波書店
Bowles, S. 2009 Did warfare among ancestral hunter-gatherers affect the evolution of human social behaviors? Science, 324.
Fabbro 1978 Peaceful societies: An introduction. Journal of Peace Research 15(1).
Keeley, L. H. 1996 War before civilization. Oxford University Press.

文化人類学者が語る御所野遺跡の価値と魅力

ジョン・アートル（慶應義塾大学経済学部准教授）

みなさんこんにちは。ジョン・アートルです。文化人類学を研究しています。私は一九九五年に初めて日本に来ました。一戸町には、二〇一二年から調査に来ています。御所野遺跡はとても素晴らしい遺跡だと思っています。なぜなら私は竪穴建物の復元にたいへん関心を持っているからです。御所野遺跡のように、復元研究を実験的に行っているところは世界的にも事例があまりないため、もっと世界的に関心を持たれるべきだと思います。

私は、五つのテーマを設定して文化人類学の研究を続けてきました。その五つとは、「日本の多文化共生」、「日本の村落研究」、「民俗芸能」、「観光人類学」、そして二〇一二年からは「考古学のエスノグラフィ（民族誌）」という研究を行っています。この最後に申し上げた「考古学のエスノグラフィ」という研究が今回のお話になります。

今日の発表の内容は六つあります。一つ目に「なぜアメリカ人が日本考古学を研究するのか」、二つ目に「文化人類学はどのように考古学を見るのか」、三つ目に「考古学は人々にとってどのような意味をもっているのか」、四つ目は「一つの遺跡が複数の場所としての意味を持つこと」、五つ目は「縄文時代の建物をどのように復元しているのか」、そして最後の六つ目に「御所野遺跡にはどのような世界遺産の価値と魅力があるのか」です。

なぜアメリカ人が日本考古学を研究するのか

まず「なぜアメリカ人が日本考古学を研究するのか」についてです。私はアメリカのネブラスカ州生まれです。ネブラスカ州は東日本全体を合わせたくらいの面積があるのですが、人口は一九〇万人しかいません。何があるかというと、何もありません。山も海もありません。車で出かけて周りを見まわしてもトウモロコシ畑しか見えません。ところどころに家があるくらいです。

ネブラスカでも当然、考古学研究が行われています。でも、ネブラスカの考古学は、日本の考古学とだいぶ違います。ネブラスカの考古学では、発掘などで出てくる遺物について、ネイティヴ・アメリカンの文化であって、ヨーロッパから来た移民者をルーツに持つ自分たちの文化ではないと見ています。一方、日本の考古学では、発掘で出てくるものは自分たちの文化であると捉えます。ここが大きな違いです。こうした捉え方にたいへん興味を持っています。

文化人類学はどのように考古学を見るのか

では「文化人類学はどのように考古学を見るのか」。まず、文化人類学はどのような学問かをご説明しましょう。文化人類学は、人類の多様性について、フィールドワークを通して明らかにする学問です。人々がどのような生活をしているのか、何を信じているのか、どのような世界観を持っているのかというのは、それぞれの文化や社会によって異なります。もちろん、文化や社会、そこに住む人々の営みの多様性を研究する学問は他にもあります。歴史学、考古学、社会学などもそうです。とはいえ、それぞれの学問は研究する方法が違います。歴史学は文献をもとに研究しますし、考古学は遺物をもとに研究します。文化人類学は、現地の住人と実際に生活したり、会話したりして研究を進めます。

文化人類学の特徴は何かというと、普遍性と特殊性を同時に考察していくという点にあります。たとえば、人間は食べないと生きていけません。食事を摂ることは、人類に普遍的なことです。一方で、食事の摂り方は文化によって多様です。人類学者がフィールドワークで遭遇する社会では、地面に座って手づかみで食べる文化もあるし、テーブルに座ってみんなで食べる文化もあります。これが特殊性です。この普遍性と特殊性の相互関係を追究していくことが、文化人類学の特徴です。

では、文化人類学者である私がどのように考古学を見るのかということについてお話をしたいと思います。大学の授業で、日本の大学生に「日本人はどこから来たか」という質問を投げかけるといろいろな回答が出てきますが、それは、大きく二つに分けることができます。一つは、神話的な思考です。これは『古事記』のイザナキ・イザナミの話、日本の誕生をあらわす神話に基づいています。もう一つは科学的な思考です。氷河期に大陸から日本列島にわたってきたのだと説明する学生がいました。これは科学的な説明です。このように「日本人はどこから来たか」と問うとき、大きく分けて神話的な説明と科学的な説明とがあると考えられます。

この二つを並べて見ると、神話は証拠がなく、昔の作り話、嘘である、一方で科学は証拠があり、科学的に証明され、真実であると言ったりします。しかし両方とも「物語」を構成しているとも言えます。つまり、過去・現在・未来が結びついたものとして語られるのです。過去のわれわれの起源を説明することには、私たちが現在どんな人間であるのか、これからの未来に向けてどうなっていくべきかが、含まれているのです。

私が一番大事だと思っているのは、このことです。つまり、神話にせよ科学にせよ、それらは「物語」です。私は、それらの「物語」が事実かどうかということよりも、現在のわれわれにどのような影響を与えているのかということに関心があります。たとえば、イザナキ・イザナミの神話があることによって、神社があり、お祭りがあり、天皇制があるという現在が作られてきました。科学的な「物語」があることで考古学が発達し、遺跡公園や博物館が生まれます。

文化人類学者である私が、なぜ考古学の営みを研究するかということについてまとめましょう。考古学は、われわれの「物語」を形成することに大きな役割を果たしています。遺物や遺跡それ自体は語ることをしません。考古学的な実践によって、遺物や遺跡は過去について語るようになります。考古学は知識を作る学問です。文化人類学から見て興味深いのは、考古学的な実践が、現代のわれわれにどういうメッセージを伝えようとしているのか、また、われわれの将来を形作ることにどのような影響を与えているのかということです。

考古学は人々にとってどのような意味を持っているのか

次に、「考古学は人々にとってどのような意味を持っているのか」ということを考えましょう。

私が日本に来て最初に取り組んだのは村落の調査でした。アメリカ人文化人類学者が日本で最初に調査をしたのは一九三五年、熊本県須恵村においてでした。この調査の結果はアメリカ人に、日本人はどこでも稲作をしているというイメージを与えました。しかしアメリカの文化人類学者による日本の村落の調査は、一九七〇年代に一回ストップします。理由は高度経済成長です。アメリカの文化人類学者が一九五〇年代に瀬戸内海の高島という島で調査をしましたが、その二〇年後に再び島に調査に戻って来て、びっくりしたそうです。なぜなら、人口が増えて、埋め立て地に建てられた工場の汚水により釣りができなくなったり、若い人は大阪へ出稼ぎに行ってしまったりと、アメリカ人が持っていた日本の村のイメージがなくなってしまったのです。そして、これをきっかけに日本の村の調査はされなくなってしまいました。

そこで私は二〇〇二年にもう一回日本の村を調査して、現在の様子がどうなっているか

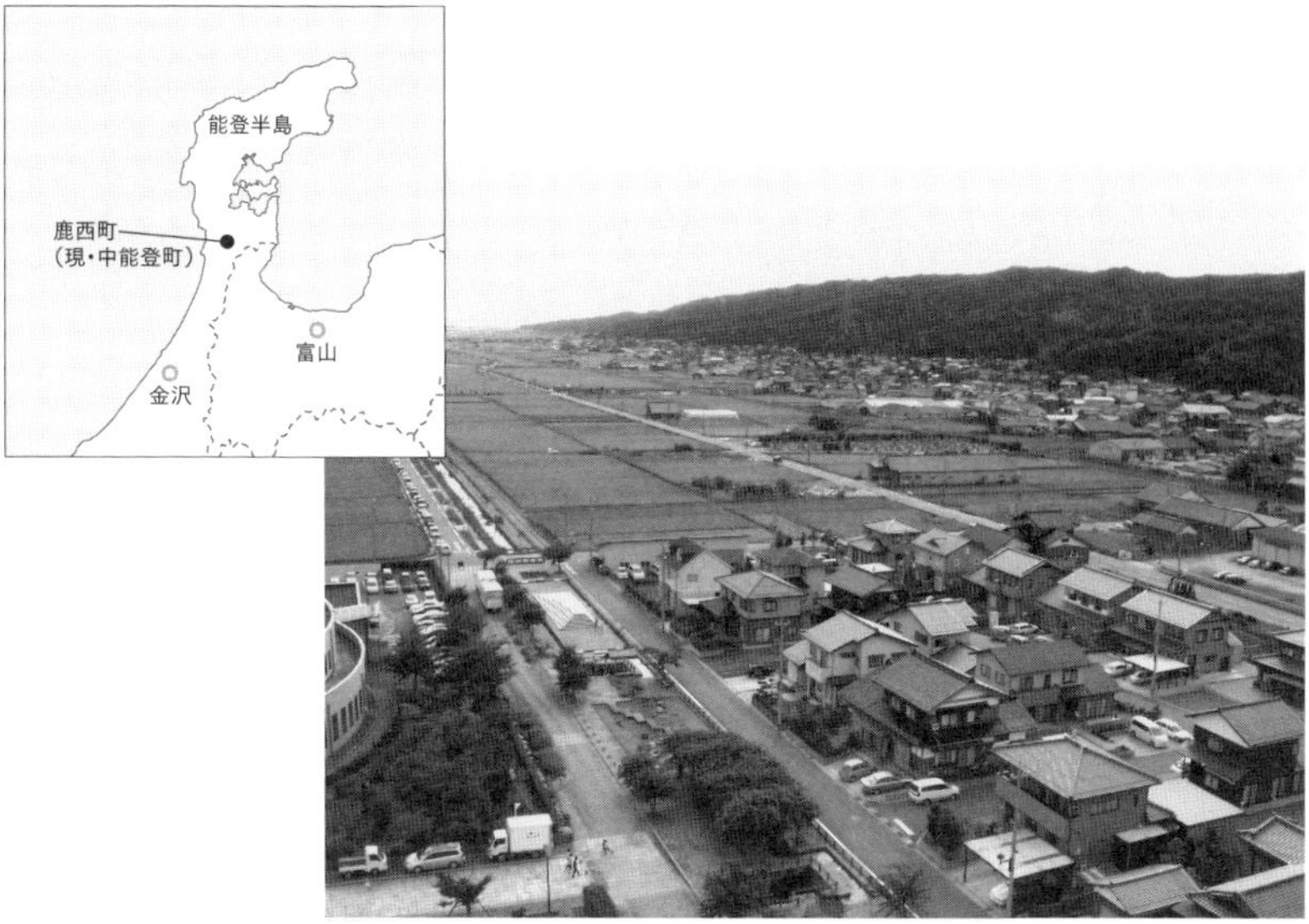

図1　鹿西町（現・中能登町）

というところから日本の研究を始めました。石川県能登半島の鹿西町（現・中能登町）で調査を開始しました（図1）。鹿西町は山にはさまれた平地で、弥生時代の遺跡や古墳が多く残っています。町自体はそれほど広くないところで、一二〜一三の集落に分かれています。私は一番端にある西馬場という集落を調査しました。田んぼがあって、山があって家が並んでいました。

二〇〇二年から二〇〇五年にかけて調査をしたのですが、二〇〇五年に平成の大合併で、鹿西町は近隣の町と合併して中能登町になりました。合併の話が出てきたときに、鹿西町という町の名前がなくなったら、住民はどう思うかを知りたいと思いました。もしアメリカで合併によって自分の町の名前がなくなるとなったら、おそらくほとんどの人が合併に反対すると思います。アメリカ人にとって、町の名前というのはものすごく大切なものなのです。しかし、鹿西町西馬場の人たちに聞いてみたら、「あまり気にしない」ということでした。どうしてかというと、「いくら町が変わっても村は変わらない」というのです。鹿西町の住民であるというよりも、それぞれの集落の住民であるという意識のほうが強かったのです。こういった住民の様子は、アメリカ人の私から見たら意外なことでした。

この鹿西町で、私は考古学がまちづくりに結びつく事例に出会いました。まちづくりには、地域おこしのために、その地域で一番になるもの、たとえば、一番古いもの、一番大きいものを作ろうというアイデアがよくみられます。鹿西町は考古学的な出土遺物をもとに、「おにぎりの里」という地域創生事業を行いました。町内の弥生時代の集落遺跡、杉谷チャノバタケ遺跡から一〇センチくらいの米の炭化したものが出土したのですが、これを日本最古のおにぎり化石だとプロモーションして「おにぎりの里」となったのです（図2）。毎年、「おにぎりの里フェスティバル」を開催して、日本最古のおにぎりに対して、最大のおにぎり、高さ一八八センチのおにぎりを作ろうと約一〇年間挑戦しましたが、成功しませんでした。

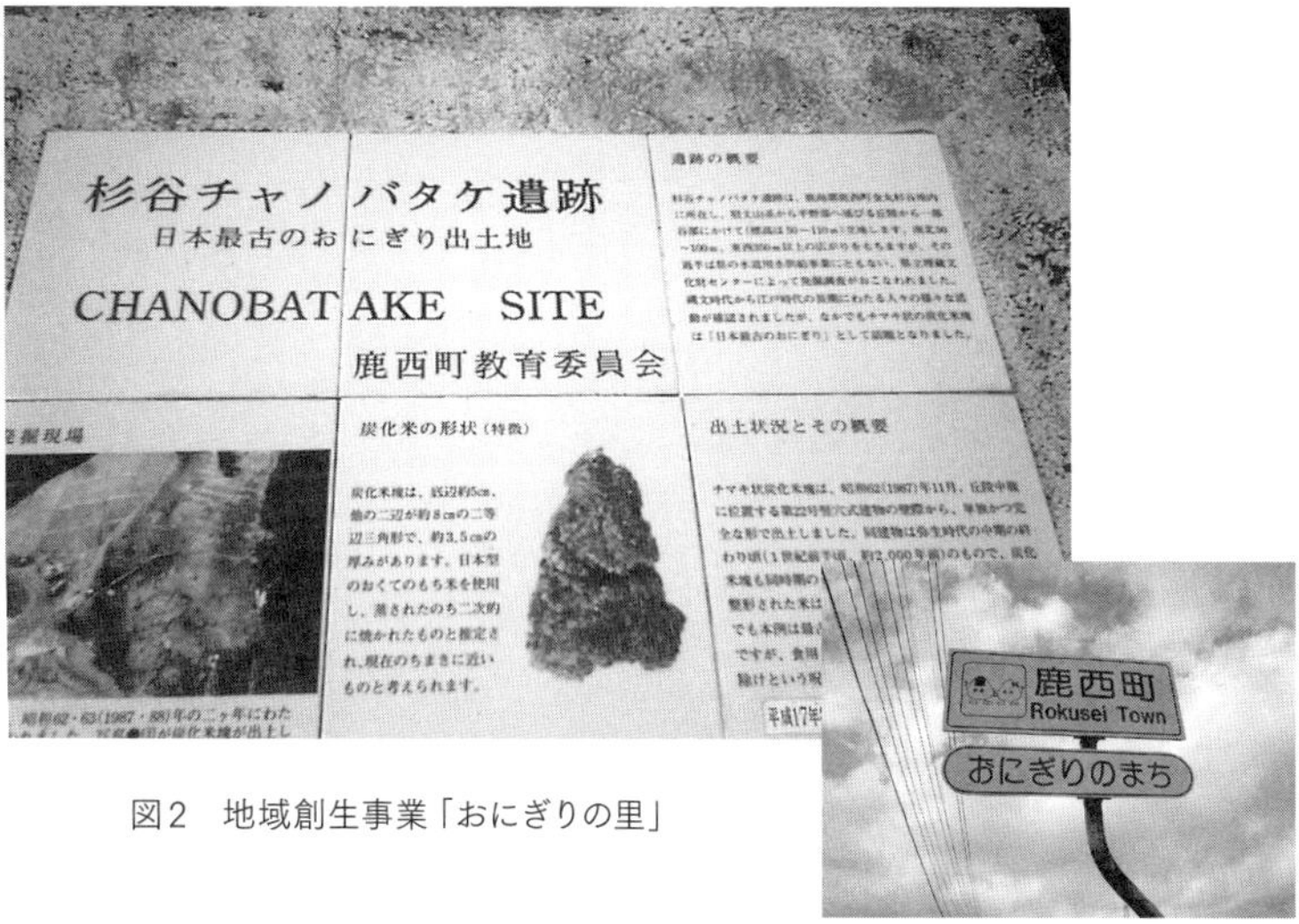

図２　地域創生事業「おにぎりの里」

ところが住民に聞いてみると、「おにぎりの里」によるまちづくり活動は、意外と関心が低かったです。ただし、一つメリットがありました。それは、「おにぎりの里」の活動によって、鹿西町が日本の歴史の一部に位置づけられたことです。それまでは鹿西町はただの地方の町の一つに過ぎなかったのですが、「おにぎりの里」の活動によって日本の大切な一部であるという意識が生まれたのだと思います。

もう一つ面白いのは、おにぎりが町のシンボルになったのですが、炭化したおにぎりが出てきた遺跡と炭化したおにぎりそれ自体はあまり重要ではなかったということでした。鹿西町の人に聞くと、おにぎりやイベントが大事なのではなく、こういったイベントによって、「みんなで一緒に何かに挑戦することがよかった」と言うのです。最大のおにぎりを作ることではなく、一緒に作ったこと、ばらばらだった私たちが一緒に作ったというのがよかった、ということがわかりました。

一つの遺跡が複数の場所としての意味を持つこと

次は「一つの遺跡が複数の場所としての意味を持つこと」についてお話ししたいと思います。鹿西町の西馬場には、雨の宮古墳群という古墳群があります。約三二基の古墳があるのですが、そのうちの一号墳がきれいに整備されています（図3）。

整備前には墳丘上に相撲の土俵があって毎年小学生の相撲大会が開かれていました。墳丘上には雨宮神社という千年前からある神社の社殿もありました。しかし、古墳が史跡指定されたときに解体され、遺跡公園として整備されました。

図4は、新しく建てられた雨宮神社の拝殿です。拝殿を新しく建ててもよいということではあったのですが、古墳の真上に建てることは認められず、しかもデザイン的に宗教施設とはわからないように建ててくださいということだったのです。それで写真のような拝殿になったわけです。

図3　復元・整備された雨の宮古墳群1号墳

図4　倉庫のような雨宮神社拝殿

あるとき、西馬場と金沢市内のウォーキングサークルが合同で雨の宮古墳群まで歩くイベントがあり、私も参加しました。雨の宮古墳群まで歩いて行って、古墳の上で教育委員会の職員が雨の宮古墳群についての考古学的な知見や、発掘調査でわかったことを説明してくれました。

このとき、私にとって面白かったのは、金沢からきた人が雨宮神社を見て、西馬場の人に「あの変な建物は何？」と尋ね、「あれは神社なんだよ」「えっ、倉庫かと思った」という会話をきっかけに、この場所が信仰の場所であること、さらにこのあたりに天狗の伝承があること、戦時中には畑にしたこと、といった地元の歴史がその場で伝えられたことです。私は、このことは「一つの遺跡が複数の場所としての意味を持つ」例だと思いました。実際、雨の宮古墳群がある場所は、つぎのようなさまざまな意味をもっています。

雨の宮古墳群は一九八二年に国の史跡に指定されます。その後、発掘調査されることにより、能登地方と大和政権との関係が見直され、早い時代から中央とのつながりがあったことがわかってきました。それによって、雨の宮古墳は「日本の歴史」の中に位置付けられることになったのです。

その一方で、鹿西町の雨の宮古墳群は、発掘時には町民が作業員として発掘に協力し、古墳の整備事業が終わり、一九九五年に町民祭りをしました。鹿西町民に五〇〇〇個の石を集めてもらい、古墳の葺石を設置することにしました。自分たちの先祖が作った古墳を自分たちで直そうということです。これを契機に、雨の宮古墳は「鹿西町のシンボル」として利用されはじめるようになりました。

また、古墳を発掘して史跡整備をする前は、この場所は、鹿西町民の中でも、西馬場の人たちしか来ない場所だったのです。この場所を西馬場の人たちはどう思っていたのか。二〇〇五年に『にしばんばの今昔』という本が出版されますが、その本の中で、雨宮神社は、先に述べたような「日本の歴史」ではなく、「鹿西町のシンボル」でもなく、「西馬場の信仰の場」として紹介されています。

同時期の二〇〇五年に刊行された雨の宮古墳群の発掘調査の報告書では、雨宮神社のことはいっさい触れられていません。人々の大事な信仰の場であったことには言及されていないのです。また、国の史跡になったために、相撲大会など、以前のように自由に使うことはできなくなってしまいました。他方で、『にしばんばの今昔』は、国史跡として大切な場所であるだけはなく、西馬場の人たちにとって信仰の場として大切にされてきたことを発信しようとしたわけです。そして、実は倉庫のようになった拝殿も、ひきつづき信仰の場として使われているのです（図5）。

以上のことから、雨の宮古墳群はいったい誰のものなのか、ということが問題としてあ

図5　信仰の場としての雨宮神社拝殿

げられます。国のものなのか、町（行政）のものなのか、それとも村の人々のものかということです。これが、「一つの遺跡が複数の場所としての意味を持つ」ということなのです。

縄文時代の建物をどのように復元しているのか

ここから、御所野遺跡の復元建物を含めた遺跡整備事業の素晴らしさとその魅力についてお話ししたいと思います。御所野遺跡の研究では竪穴建物の復元が有名です。理由は二つあります。一つ目は、全国的に初めて復元竪穴建物を土屋根にした事例であること。二つ目は、復元建物を遺跡のシンボルとして利用するだけでなく、実験をしながら、御所野遺跡をより深く知ろうとする事例であるということです。

そして、こうした御所野遺跡の復元の仕方は、日本だけでなく、世界的に見ても、他の遺跡とは大きく異なるのです。御所野遺跡をよく知ってもらうために、一般的な遺跡の復元の様子をお話ししたいと思います。それは、私が建物の復元に興味を持ちはじめた理由にもつながってきます。

私が復元に興味を持ちはじめた頃、縄文や弥生、古墳の建物もそうですが、時代が異なる建物や地域が異なる建物であっても、復元建物の形式にあまり差異がないように見えました。たとえば三内丸山遺跡のロングハウスなどの復元を私が見ると、なんだか日本の民家に見えてしまいます（図6）。富山県の桜町遺跡の掘立柱建物の復元も伊勢神宮の社殿に見えてしまいます（図7）。

ここで、素朴な疑問が浮かんだのです。つまり、復元するときに、現存する建物をまねて作っているのではないか、縄文人と現代人を結びつけて考えようとしているのではないか、そこに縄文人を日本人の起源としようとするナショナリズム的なものがあるのではないか、こういう疑問が出てきました。

ここで、具体的な事例を紹介しながら、このことについて説明していきましょう。まず、富山県にある桜町遺跡の事例を紹介したいと思います。桜町遺跡は道路の拡張工事で見つかりました。低湿地帯で建築材の保存状態がよく、宮本長二郎という日本建築史の専門家が監修し建物を復元しました。彼は建物の形式学的分類を描いていて、桜町遺跡の建物の復元も、その分類に位置づけられました（図8）。ただし、出土した木材を分析したところ、柱を彫ったり加工したりしていたので、何かしらの信仰のための建物ではないかと考えられました。そこで宮本さんが別のところで担当していた神殿的な復元建物のイメージを利用して、桜町遺跡の復元建物のデザインをしたようです。

復元建物が完成したときの新聞記事では、記者が「伊勢神宮や出雲大社の正殿によく似ている」と書いていますが、復元の設計を担当した上野幸夫さんは「縄文時代の高床建物は神殿であり、現在の神殿は昔からの姿が受け継がれた結果ではないか」と言っています（読売新聞、二〇〇七年七月二日）。さらに復元建物の屋根は、有名な合掌造りにも似ています。このことについても上野さんは意識していたようです。上野さんは富山の大学の先生でもありますが、学生たちがものづくりの原点を学ぶことができるように、協力して復元作業に当たったということです。

図6　復元された三内丸山遺跡（青森県）のロングハウス

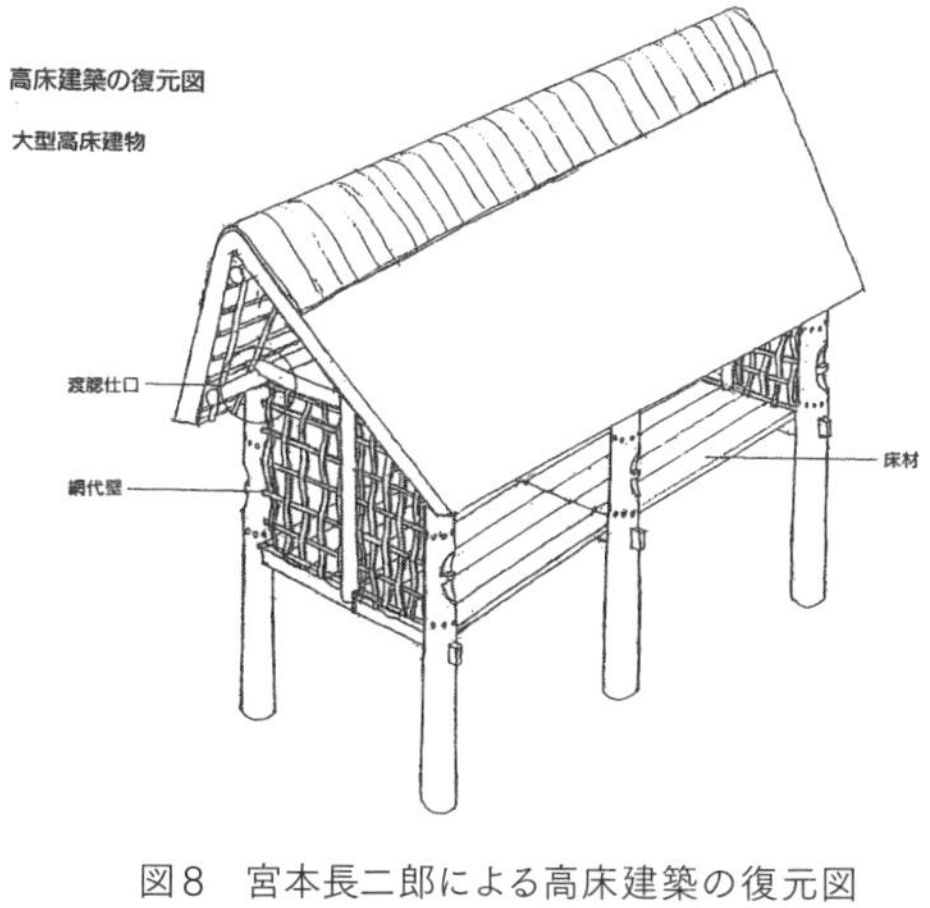

図8　宮本長二郎による高床建築の復元図（木造建築研究フォーラム 2000『先史時代の木造建築技術』より）

図7　復元された桜町遺跡（富山県）の掘立柱建物

先史時代の建物復元で重要なのは、出土した遺構と最終的に復元した建物の間に大きなギャップがあることです。実際に柱の穴は出土しているけれども、どのような木材を使ったのか、どれほどの長さか、表面の処理はしてあるのか、という疑問点がたくさんあります。歴史学や環境学、建築学や民俗学の知識を使って、情報のギャップを埋めていきます。たとえば御所野遺跡でも竪穴建物の復元の際、木と木を結ぶためにシナノキの繊維からとった紐を使いますが、それは、昔はこうやって使っていたという聞き取り調査の結果か

図９　シナノキの繊維からとった紐の復元

ら、そして、またほかに有力な証拠もないことから使っています（図9）。こうした情報のギャップを埋めるプロセスを経て、一般的には復元建物を作るわけです。

復元に対しての批判もあります。特にアメリカでは復元そのものに対する批判が強いです。復元したものに対しどういう証拠や根拠を出していくのか。たとえば、他の遺跡から出たデータを利用することがあります。あるいは、建築学や民族学からのデータを利用することもあります。特に、現代に生きるさまざまな人の生活についての民族学的データを通して、竪穴建物での生活をある程度理解できることがあります。ただし昔の人の生活を一般化してよいものかという問題もあります。

御所野遺跡にはどのような世界遺産の価値と魅力があるのか

それでは最後に、御所野遺跡の復元について説明しながら、「御所野遺跡にはどのような世界遺産の価値と魅力があるのか」という話を、世界の復元の事例や世界遺産の紹介を交えてしたいと思います。

今お話しした、一般的な先史時代の建物復元プロセスは、御所野遺跡に関しては事情が異なります。御所野遺跡の復元建物に特徴的なのは、他の復元竪穴建物のような民家をまねた茅葺きではなく、土を乗せたシンプルな建物です（図10）。そして、これは、既存の復元建物と異なった、縄文時代の新しい建物のイメージを提供しています。

なぜかというと、御所野遺跡の復元の目的は、他の遺跡のように復元建物を観光資源とすることではなく、実験をしながら縄文時代の建物をより知ることが目的にあるからです。御所野遺跡では、実験考古学に基づいて実験を繰り返し、より縄文人が使っていたものに近くて、より正確なものを作ることが一つの目標としてあるのです。

御所野遺跡以外にも、実験考古学を行っている事例をいくつか紹介します。イギリスのバスター古代農場は今から約二〇〇〇年前の遺跡ですが、現在は古代の農業がどのようなものだったかを実験できるような場所にもなっています。当時にあり得た種や道具、肥料を使いながら、当時の人がどのくらいの量を収穫していたのかなどについて実験的に調査しています。

デンマークにあるライラ実験センターには、さまざまな時代の復元建物があります。同じ遺跡から出てきたものではなく、デンマークのさまざまな場所・時代のものを集めて復元しています。このセンターは実験考古学のための施設になっています。ノルウェーの探検家トール・ヘイエルダールは一九四七年にコンティキ号という船を実験的につくりました。彼はポリネシアの人々は南アメリカからわたってきたという説を主張して、当時のよ

図10　御所野遺跡の消失建物跡と復元された土屋根建物

図11　フランスブルゴーニュ地方にあるゲドゥロン城の復元

うな船で南アメリカからポリネシアにいけるかどうか航海しました。このように実験考古学にはさまざまな目的があり、御所野遺跡のように、より正確な復元建物をつくるために実験考古学をおこなっている事例はほとんどありません。

御所野遺跡に似た事例は、一九九七年に築城が開始された、フランスのブルゴーニュ地方にあるゲドゥロン城です（図11）。このお城は、現代の技術を一切使用せず、一三世紀の道具や技術を使って築城にどれほどかかるかという実験をしています。一三世紀の建築技術を理解するために建築が行われているのです。まだ完成していませんが、もう少しで完成するのではないかといわれています。

御所野遺跡を含めた「北海道・北東北の縄

文遺跡群」は、現在、世界遺産の登録を目指しています。では、登録に向けて遺跡の整備や復元建物はどのような役割を持つのでしょうか。基本的には、考古学の遺跡の世界遺産登録には、利用された当時の場所にあったものが対象になります。ですから、縄文時代の遺跡では、地面の上には遺物はほとんど残っておらず、世界遺産に登録される対象は、現在、地面の下にあるものになるのです。博物館にある展示品は世界遺産にはなりませんし、いくら土器や土偶などの遺物が日本の国宝として登録されたとしても世界遺産にはなりません。整備された復元建物なども世界遺産になることはありません。ただし、たとえ世界遺産の登録の対象とならないとしても、縄文時代にあったものに限りなく近いと考えられるものを再現していることが大事であることは間違いありません。

世界遺産で最も重要なのは「真正性（Authenticity）」の概念です。ユネスコで修復や復元をするのは、保存のために必要な場合や災害や戦争などでダメージを受けた場合などです。ウガンダの歴代王の墓が戦争で消失した際も、この方針によって復元されました。

英語の真正性という概念は、客観的（Objective）、構築的（Constructed）、活動的（Activity-based）の三つに分かれると考えられています。みなさんになじみがあるのは一番目の客観的な真正性だと思います。これは、そのものが本物であるかどうかということです。このことはある意味ではわかりやすいですが、本物かどうかを客観的に見分けることはそう簡単ではない場合も多いです。構築的な真正性というのは、真正性はもの自体にあるのではなく、関係によって生まれるものであるという考えです。場合によっては本物であり場合によっては本物でない、交渉あるいは研究によって真正性が生まれる、というのが構築的な真正性です。活動的な真正性とはどういうことかというと、観光客などが実際に見て本物であると思うことです。

これらの真正性の概念に御所野遺跡の復元建物を当てはめますと、まず復元建物は縄文時代の本物の建物ではないので、客観的な真正性はありません。しかし、構築的な真正性の点から見ると、いろいろな研究や実験から真正性が生まれてきていると見ることができるわけです。データに基づいて実際に復元してみて、完成したものを見て、さらに新たなデータを得て、ここは違うから直していく、という方法を繰り返すことによって真正性が構築されていくのではないかと考えられます。

そして御所野遺跡で一番評価すべきだと思うのは活動的な真正性です。御所野遺跡は縄文的な印象を人々に与えます。橋を渡って公園に入って「ああ、縄文時代だ」と人々に与える感動は、ある種、真正なものであると思います。当時あった森や広場を復元することで縄文時代を感じられる。だからこそ、この御所野遺跡の復元は、複数の意味で、真正性があると言えると思います。

比較として富士山をみてみましょう。富士山は二〇一三年に世界文化遺産に登録されました。それ以前に自然遺産として登録しようとしたのですが失敗に終わりました。日本では、富士山は国立公園であり、国指定の天然記念物がある場所でもありますが、世界文化遺産登録にあたっては、そうした富士山の自然、それ自体は評価されていません。山がきれいか、貴重な動植物があるかどうかではなく、人々が長年にわたって祈りを捧げてきたこと、富士山に影響を受けてさまざまな芸術作品を生み出してきたことが評価されたのです。先ほどの三つの真正性で見ていくと、客観的に見れば、富士山自体はよくあるタイプの火山であり、山自体は世界的に珍しいものとは認められませんでした。ただし構築的に見ると、長い歴史の中で日本文化の中で重要な存在でありましたし、活動的に見れば信仰の場であったり、芸術作品のモティーフになったりと人々に感動を与える場所でした。こうした点が評価されて世界文化遺産になりました。

では、御所野遺跡を含めた「北海道・北東北の縄文遺跡群」が世界遺産に登録されるためにはどうしたらよいか、私自身の考えをお話しして終わりにします。まず遺跡の整備・研究があげられます。御所野遺跡の魅力は復元も含めた考古学の研究や実験によって、その形をどんどん変えていることにあります。これは世界的に見ても他に例をみないと思います。これからは今まで得てきたことを世界に向けて発信することが大事だと思います。

さらに縄文時代、ひいては御所野遺跡についての「物語」をどうするかも重要になってきます。考古学の研究によって縄文時代のことがよくわかってきました。ただし、「過去」のことはよくわかったけれど「現在」と「将来」はどうでしょうか。これはまだ答えが出ていないと思います。縄文と現代の私たちとのつながりはどうでしょうか。今後は、将来に向かって、御所野遺跡がどのようなメッセージを発信していくかが重要になってくるでしょう。

最後に一言。世界遺産になるには、御所野遺跡がどのような場所かをアピールすることが大事です。世界遺産になるにあたって遺跡や遺物は一部の要素に過ぎません。縄文時代の遺跡はどのように人々にインスピレーションを与え、動かしているのか。大切なのは、ものだけではありません。ものと人との関係です。世界遺産登録やそこから得られるお金が目的なのではなく、その活動のなかで生まれる人間関係こそ大切なものだと思います。

あとがき

縄文文化を世界遺産に登録し、未来に向けてきちんと保存していくためには、そこで生活している地域住民や多くの人々にその価値を理解してもらう必要があります。そのためには構成資産となっている各遺跡を知るだけでなく、縄文文化の本質をきちんと理解してもらうことが大切だと考えています。

そこで御所野縄文博物館では毎年、縄文文化に関する専門家をお招きして講演会を開催してきました。本書は、そうした講演の中から日本列島の外から縄文文化を論じていただいた内容のものを収録しました。

それぞれの講演会は、次のように開催しています。

「岩手県県北の縄文文化を世界遺産に」（二〇一七年十二月十六日、岩手県二戸市二戸市民文化会館）

鈴木地平「世界遺産の現状について」

羽生淳子「世界から見た縄文文化」

「平成二十九年度世界遺産講演会」（二〇一八年年三月二十五日、御所野縄文博物館）

大貫静夫「東北アジアから見た日本の縄文文化」

「平成二十八年度世界遺産講演会」（二〇一七年二月二十六日、御所野縄文博物館）
　松本直子「先史時代の暴力と戦争」
「平成二十六年度世界遺産講演会」（二〇一四年三月八日、御所野縄文博物館）
　ジョン・アートル「アメリカ人が語る御所野遺跡の縄文文化」

本書は、以上の講演を整えて編集したものです。講師の方々には本書刊行についてご承諾をいただき、編集などに多大なご尽力をいただきました。また編集にあたっては、新泉社の竹内将彦さんをはじめスタッフのみなさんにお世話になりました。衷心より御礼申し上げます。なお講義録の作成や編集はいちのへ文化芸術ＮＰＯの後藤宗一郎が担当しました。また貴重な写真や図などを提供いただいた関係機関に感謝申し上げます。
縄文文化の本質が多くの方々に理解され、遺跡が末永く保存されていくことを期待します。

御所野縄文博物館館長　高田和徳

執筆者プロフィール

鈴木地平◎すずき ちへい
滋賀県出身。京都大学大学院文学研究科（地理学）、文化庁記念物課文部科学技官（文化的景観部門）を経て、現在、文化庁文化資源活用課文化遺産国際協力室文化財調査官。主な著書に『世界文化遺産の思想』（分担執筆、東京大学出版会、二〇一七年）、『景観史と歴史地理学』（分担執筆、吉川弘文館、二〇一八年）

羽生淳子◎はぶ じゅんこ
神奈川県出身。東京大学理学部助手、マッギル大学人類学科講師、カリフォルニア大学バークレー校人類学科助教授、准教授を経て、二〇一〇年より同校人類学科教授。総合地球環境学研究所客員教授。主な著作に『Ancient Jomon of Japan』（Cambridge University Press 二〇〇四年）、『やま・かわ・うみの知をつなぐ』（共編著、東海大学出版部、二〇一八年）

大貫静夫◎おおぬき しずお
千葉県出身。國學院大學文学研究科客員教授（考古学）。主な著作に『東北アジアの考古学』（同成社、一九九八年）、『ロシア極東の民族考古学――温帯森林猟漁民の居住と生業』（共編著、六一書房、二〇〇五年）

松本直子◎まつもと なおこ
福岡県出身。岡山大学大学院社会文化科学研究科教授。主な著作に『認知考古学とは何か』（共編著、青木書店、二〇〇三年）、『縄文のムラと社会』（岩波書店、二〇〇五年）

ジョン・アートル◎John Ertl
アメリカ合衆国ネブラスカ州出身。金沢大学国際基幹教育院准教授を経て、二〇一八年より慶應義塾大学経済学部准教授。国立民族学博物館共同研究員。主な著作に『Multiculturalism in the New Japan: Crossing the Boundaries Within』（共編著、Berghahn Press 二〇〇八年）、『Japanese Archaeological Dialogues 文化資源学セミナー「考古学と現代社会」二〇一三-二〇一六』（共編著、金沢大学国際文化資源学研究センター、二〇一七年）

高田和徳◎たかだ かずのり
岩手県出身。岩手県教育委員会文化課、一戸町教育委員会社会教育課を経て、現在御所野縄文博物館館長兼世界遺産登録推進室長。主な著作に『御所野遺跡Ⅰ――縄文時代中期の大集落跡』（一戸町教育委員会、一九九三年）、『縄文のイエとムラの風景　御所野遺跡』（新泉社、二〇〇五年）

菅野紀子◎かんの のりこ
岩手県出身。（公財）岩手県文化振興事業団埋蔵文化財センターを経て、現在、御所野縄文博物館主任学芸員兼世界遺産登録推進室文化財主任。

写真提供（所蔵）　25頁上：外ヶ浜教育委員会／25頁下・28頁上：函館市／26頁上：伊達市噴火湾文化研究所／26頁下：青森県立郷土館／27頁上・59頁：青森県教育庁文化財保護課／27頁下：七戸町教育委員会／28頁下・93～100・152・155頁：御所野縄文博物館／29頁上：洞爺湖町教育委員会／29頁下：青森市教育委員会／30頁上：北秋田市教育委員会／30頁下：鹿角市教育委員会／31頁上：北海道立埋蔵文化財センター／31頁下：弘前市教育委員会／32頁上：東京国立博物館 TNM Image Archives／32頁下：八戸市埋蔵文化財センター是川縄文館／53頁：Courtesy of the Phoebe A. Hearst Museum of Anthropology and the Regents of the University of California, (catalog No.13-6839)／58頁上：公益財団法人横浜市ふるさと歴史財団埋蔵文化財センター／120頁上：久万高原町教育委員会／124頁：福岡市埋蔵文化財センター／125頁：佐賀県教育委員会／145頁上：中能登町教育委員会　上記以外は各執筆者

御所野縄文博物館（御所野縄文公園）
岩手県二戸郡一戸町岩舘字御所野二
電話／〇一九五－三二－二六五二
ホームページ／http://goshono-iseki.com
開館時間／午前九時～午後五時（展示受付は四時半まで）
休館日／月曜（祝祭日の場合は翌日）、祝祭日の翌日、年末年始
展示室入館料／一般三〇〇円、高校・大学生二〇〇円、
小中学生一五〇円
交通／東北新幹線二戸駅から車で約十五分、
IGRいわて銀河鉄道一戸駅から車で約五分

世界から見た北の縄文

御所野遺跡と北海道・北東北の縄文遺跡群

二〇一八年十二月二十五日　第一版第一刷発行

編者――御所野縄文博物館

発行所――新泉社
東京都文京区本郷二－五－一二
電話　〇三－三八一五－一六六二
ファックス　〇三－三八一五－一四二二

印刷・製本――萩原印刷

ISBN978-4-7877-1818-1 C1021